DESTINO FELICIDAD

Marc Reklau

DESTINO FELICIDAD

*12 sencillos principios
que cambiarán tu vida*

ÍNDICE

INTRODUCCIÓN

Creo en las cosas sobre las que escribo desde que tenía 16 años. Cuando empecé a estudiar libros de autoayuda y desarrollo personal, la mayoría de las ideas que en ellos se enseñaban, como «Tus creencias crean tu realidad» o «Atraes aquello en lo que te concentras», eran simples conceptos filosóficos que uno podía creer —o no—. No había base científica que lo sustentara.

A pesar de todo, yo creía en ello.

Cuando encontré las bases científicas que respaldan la mayoría de los conceptos que presenté en mi primer libro, *30 días. Cambia de hábitos, cambia de vida,* me puse inmensamente feliz, porque sabía que a partir de ese momento la ciencia me proveía de argumentos con los que convencer incluso a los escépticos —o al menos a la mayoría de ellos—, permitiéndome hacer llegar a escuelas, universidades y empresas algo en cuyo funcionamiento creía firmemente.

Sentí como si me hubieran dado una especie de super-poder, porque ahora —aparte de mostrar que los ejercicios que proponía funcionan, simplemente haciéndolos— tenemos la ciencia que lo demuestra y espero que ello pueda motivar a más gente a probarlo. La realidad es que nos estamos quedando rápidamente sin las excusas que nos impiden hacerlo.

Mientras que *30 días* es un libro muy práctico, en este nuevo libro que ahora presento quiero examinar con más detenimiento el lado científico de la felicidad y mostrar tanto el enorme impacto que tiene en nuestra vida como nuestro potencial para ser felices, en lo personal y en lo profesional.

Este libro parte del curso que impartí en el campus de la Geneva Business School de Barcelona, basado en mi anterior libro, *30 días,* y en las obras de Martin Seligman, Tal Ben-Shahar y Shawn Achor, entre otros. Estos tres autores han conseguido hacer accesibles al público general los cientos de estudios publicados en el campo de la psicología positiva, «traduciéndolos» a un lenguaje que todos podemos entender.

Tal Ben-Shahar, en ese sentido, es un auténtico pionero: no solo impartió un curso sobre la felicidad en la Universidad de Harvard, sino que consiguió convertirlo en uno de los más demandados en esta prestigiosa universidad, reuniendo a más de 1400 estudiantes. Su precedente ha sido un estímulo para mí y para cientos (o incluso miles) de otros profesores, que hemos querido hacer llegar este tema a las universidades, escuelas de negocios y empresas, algo simplemente impensable hace poco más de una década.

Pero hay más. Shawn Achor, uno de los principales investigadores en el tema de la felicidad como camino hacia el éxito, ha trasladado sus estudios a las mejores empresas del mundo, incluso al Pentágono y a la Casa Blanca.

Uno se podría preguntar: «¿Por qué enseñar la felicidad en Harvard?». Bien. En 2004, una encuesta del periódico de estudiantes *Harvard Crimson* reveló que cuatro de cada cinco estudiantes de Harvard padecen depresión al menos una vez en el transcurso del año escolar, y casi la mitad de ellos la sufren en un grado tan debilitante que afecta seriamente a su rendimiento académico. Un par de años más tarde estas cifras fueron confirmadas en otras universidades estadounidenses por un estudio realizado a nivel nacional.

En este libro examinaremos la madre de todas las preguntas: **¿Cómo puedo ser más feliz?** Aprenderás a cultivar los hábitos y la mentalidad que, tal y como la ciencia ha demostrado, conducen a un mayor éxito y bienestar.

La fórmula original que nos enseñaron, a mi generación y a las anteriores, era más o menos la siguiente: estudia mucho (aunque sea algo que no te guste), consigue un trabajo (aunque sea uno que no te guste), trabaja duro durante mucho tiempo y tendrás éxito; y, una vez que tengas éxito, serás feliz.

Y ahora dime: ¿qué, te ha funcionado esta formula? A mí, desde luego, no me funcionó en absoluto. De hecho, si miramos a nuestro alrededor, tendremos que admitir que esta fórmula no funciona para [casi] nadie.

Pero hay esperanza. Después de casi dos décadas de investigación en los campos de la psicología positiva y la neurociencia, hoy podemos decir que, en realidad, es al revés: **tenemos más éxito cuando más felices y más positivos somos.**

Una vez más, no se trata de abrumarte con información teórica sobre cómo vivir una vida más feliz: quiero que utilices la lectura de los datos científicos que encontrarás en este libro como una motivación adicional para **aplicar** el material y hacer los ejercicios que te propongo.

Otro concepto falso que nos enseñaron fue que seremos felices cuando alcancemos un objetivo determinado: cuando tengamos el cuerpo perfecto, cuando tengamos un buen trabajo, esa promoción, un determinado coche, una gran casa en la mejor zona de la ciudad, cuando acumulemos mucho dinero en nuestra cuenta bancaria y —lo peor de todo— una vez que encontremos la pareja perfecta... Entonces sí, entonces seremos felices.

Bueno, ¿qué tal te ha funcionado a ti esta formula? Me atrevo a decir que seguro que tan mal como la primera... Pero, una vez más, tengo buenas noticias: la ciencia también nos aporta las claves para encontrar la felicidad *real*.

¿POR QUÉ LA FELICIDAD?

La verdad es que nadie nos enseña cómo encontrar la felicidad ni el sentido de la vida, y por eso hay tantos problemas en Felicilandia.

Las tasas de divorcio rondan 60%, lo que no significa que los «afortunados» que forman parte del 40% restante sean felices como perdices, ya que esos dígitos no discriminan el número desconocido de matrimonios que solo se mantienen juntos por costumbre, por sentido del deber o por miedo al cambio.

Las tasas de depresión son diez veces más altas que en la década de 1960, y la edad media de inicio de la primera depresión ha bajado de los 29,5 a los... ¡14,5 años![1].

Aproximadamente un tercio de los adolescentes estadounidenses padecen depresión. Estudios realizados en Estados Unidos, Europa, Australia y Asia indican que hoy

---

[1] Tal Ben-Shahar, *Happier,* p. XIII.

en día los niños experimentan más ansiedad y depresión que en las generaciones anteriores. Esta tendencia es general, afectando a todas las etnias y categorías socioeconómicas[2].

La utilización de medicamentos antidepresivos en España se ha triplicado en los últimos diez años, mientras la tasa de suicidios está aumentando. Y la BBC señala que «en América Latina, la depresión es la primera causa de enfermedad mental, y afecta entre el 19 % y 24 % de la población».

Basta poner cualquier telediario para que nos abrumen las noticias sobre corrupción, asesinatos, terrorismo, accidentes, guerras, abusos y atropellos a los más elementales derechos del ser humano. Y aún peor: esa tendencia de los medios de información en centrarse en lo negativo hace que nuestros cerebros crean que la realidad es así —solo eso—, que la mayor parte de lo que sucede es negativo.

Lamentablemente, hasta 1998 la psicología tradicional también parecía compartir este enfoque esencialmente pesimista de la realidad, al menos a juzgar por los temas hacia los que se volcaban sus investigaciones: para cada estudio sobre la felicidad, había 17 estudios sobre la depresión y los diversos trastornos de personalidad.

Y entonces —gracias a Dios— vino Martin Seligman, presidente de la Asociación Americana de Psicología, que en 1998 dio un giro copernicano al abrir oficialmente las puertas al campo de la psicología positiva, definida como «el estudio científico del funcionamiento humano óptimo».

Seligman llegó a la conclusión de que en lugar de estudiar lo que está roto, «tenemos que estudiar qué es lo que funciona». ¿Qué hace que algunas personas prosperen,

---

[2] Tal Ben-Shahar, *Happier,* p. 59.

sobresalgan y tengan éxito, incluso en las circunstancias más difíciles? ¿Qué es lo que estas personas exitosas hacen distinto al resto?

Tenemos que centrarnos en lo que funciona y replantearse las preguntas que nos hacemos, porque aquello en lo que nos centramos es lo que forma, lo que crea nuestra realidad. Así que es mejor empezar a enfocarse en lo positivo y aprender a cultivarlo. Y ese planteamiento lo cambió todo…

La felicidad —ser feliz— es mucho más que lo contrario de la tristeza. Hoy sabemos, gracias a más de 200 estudios realizados sobre más de 275.000 personas en todo el mundo, que **la felicidad lleva al éxito en casi todos los ámbitos de nuestras vidas.** Ser feliz no solo mejora nuestra salud, nuestro matrimonio, nuestras amistades, nuestra sociabilidad, sino también nuestros trabajos, carreras y negocios[3].

Si empezamos haciendo cambios dentro de nosotros mismos, más adelante podremos «exportar» y expandir los beneficios de nuestra felicidad a todo lo que nos rodea, como por ejemplo a nuestros equipos, a nuestras organizaciones: simplemente a todo nuestro entorno.

Los ejemplos y estudios de los que hablaré en este libro te demostrarán que la felicidad y el optimismo mejoran tu rendimiento y tus logros, proporcionándote una ventaja competitiva.

Martin Seligman, por ejemplo, descubrió que los vendedores optimistas venden un 56% más que sus colegas pesimistas. Otros estudios demuestran que los directores ejecutivos positivos pueden llegar a ser un 15% más productivos; además tienen equipos más saludables que consiguen

---

[3] Shawn Achor, *The Happiness Advantage,* p. 21.

un mejor rendimiento. Gerentes felices y optimistas pueden mejorar la satisfacción del cliente en un 42 %.

Pero no solo eso. Los trabajadores felices tienen niveles más altos de productividad, consiguen mayores ventas, son mejores líderes y obtienen mejores evaluaciones de sus jefes. También están mejor pagados y tienen menos bajas por enfermedad.

Los beneficios de la felicidad son innumerables. Las emociones positivas inundan nuestro cerebro con dopamina y serotonina, hormonas que nos hacen sentir mejor y favorecen no solo que organicemos más eficazmente la información que recibimos, sino también que la recordemos durante más tiempo. Nos convertimos en pensadores más rápidos y creativos, vemos nuevas maneras de hacer las cosas, y eso también nos hace mejores en la resolución de problemas.

Como ya he mencionado, existen innumerables estudios sobre la felicidad. Uno de ellos, realizado con estudiantes universitarios en su primer curso académico, llegó a predecir los ingresos que tendrían 19 años más tarde en función de lo felices que eran ese primer año de universidad, independientemente de la clase social a la que pertenecían y de su riqueza inicial.

Hablando de salud. En el famoso «Estudio de las monjas» se evaluó el grado de optimismo de las religiosas de la comunidad analizada tomando como base los textos autobiográficos escritos en sus diarios personales. Se descubrió que las monjas que mostraban asertividad e ilusión en sus diarios, y cuyos comentarios eran positivos, vivían casi diez años más que aquellas cuyos textos eran pesimistas o neutros[4]. Otro

---

[4] Estudio sobre la enfermedad de Alzheimer iniciado en 1986 por el doctor David Snowdon, uno de los mayores especialistas en la materia,

estudio muestra que los empleados felices tienen mejor salud y, en consecuencia, son más productivos en el trabajo —¿realmente necesitábamos un estudio para eso?—. Pero no solo eso: los empleados infelices tienen 1,25 más días de baja laboral al mes que sus compañeros felices. Esto suma 15 días al año por empleado[5].

Un estudio reciente del gobierno alemán, realizado en 2015, mostró que en Alemania los empleados tenían más bajas laborales por enfermedad que en años anteriores. En promedio, en 2015 cada empleado había faltado 15,2 días (en 2014: 14,4 días; en 2013: 11,8 días). Ese año se perdieron en total 587,4 millones de días por enfermedad, 44 millones más que en 2014. Eso supone 64.000 millones de euros en merma de productividad, 7.000 más que en 2014. Cada día de baja costaba a empresas y autoridades 109 € de media por trabajador[6].

Entonces, ¿cómo demostraron los investigadores la correlación entre felicidad y salud? Fácil. Una de las pruebas consistía en inyectar a un grupo de muestra el virus del resfriado común (¿por qué no pensamos en esto antes?). Los sujetos felices de la muestra se sentían mejor al comienzo del resfriado, al cabo de una semana, y mostraban menos síntomas que los sujetos infelices.

---

que tomó como grupo de análisis una comunidad de religiosas norteamericanas. Este estudio, que arrojó resultados sorprendentes sobre la vejez y la manera en que el resto de la población ve esa última fase de la vida, tuvo gran repercusión científica y mediática. Se publicó y tradujo en múltiples países y fue objeto de varios documentales. En España fue editado por la editorial Planeta (*678 monjas y un científico. La historia del mayor hallazgo sobre la vejez y el Alzheimer.* Barcelona, Planeta, 2002).

⁵ *Gallup Healthways Wellbeing Index,* 2008.

⁶ El estudio puede consultarse en: http://www.bild.de/geld/wirtschaft/krankschreibung/deutsche-melden-sich-immer-haeufiger-krank-49378168.bild.html.

¿DE QUÉ TRATA REALMENTE ESTE LIBRO?

Seguro que te suenan muchas de las cosas que acabas de leer. No te estoy contando nada nuevo. Ya lo sabes —hay mucha información al respecto— y solo te lo estoy recordando. Muchas veces la gente me dice: «Marc, pero lo que estás escribiendo o enseñando es sentido común». Y respondo: «Sí, lo es, pero **tener** sentido común no es lo mismo que **actuar** con sentido común. Si lo fuera todos tendríamos nuestro peso ideal, estaríamos trabajando en nuestros trabajos de ensueño y viviendo nuestra vida soñada, ¿verdad?».

Por suerte, la «ciencia de la felicidad» —como también se conoce a la psicología positiva— ha construido por fin un puente entre dos orillas que parecían enfrentadas. En una de ellas estaba el movimiento de la autoayuda, con sus libros divulgativos, sus oradores y sus talleres prácticos, prometiendo resultados que lamentablemente, en muchos casos, eran difíciles de lograr: «los 5 pasos para una vida más feliz», «las 3 claves para el éxito», y así sucesivamente. En la orilla opuesta estaban los estudios académicos que, con rigor científico, mostraban lo que funcionaba y lo que no, pero que por desgracia permanecían inaccesibles al público general, que los desconocía o, simplemente, se sentía incapaz de leerlos. Debo confesar que yo intenté leer un par de ellos y fallé miserablemente: sin más, no pude entenderlos.

Se trataba por tanto de conectar lo mejor de los dos mundos: el rigor de los estudios científicos y la accesibilidad de la autoayuda. Seligman, Achor, Ben-Shahar y muchos más lo han logrado.

Lo importante y lo más difícil para ser feliz, para dar calidad a tu vida —no me cansaré de repetirlo—, no es tener información sobre la felicidad, sino **aplicar esa infor-**

mación, ponerla en práctica, ejercitarla para hacerla tuya. Eso es lo que marca la diferencia.

¿Marcará una diferencia en tu vida este libro? No lo sé. Si aplicas algunas de las cosas que voy a contarte en estas páginas seguro que sí, y tu vida ya nunca será la misma. La aplicación de estos ejercicios lo cambió todo en mi vida. Te prevengo que no será fácil, habrá contratiempos y dificultades, pero vale la pena.

Han pasado poco más de cuatro años desde que fui despedido de mi trabajo, después de once años en la misma empresa. Desde entonces me he convertido en autor *bestseller,* con seis contratos de edición y más de 150.000 lectores, he sido profesor asociado en una escuela de negocios, tutor *coach.* Como conferenciante puedo ganar en un día lo que antes ganaba en un mes. Y he publicado este libro con el Grupo Planeta. No esta mal, ¿no? Todo esto ha sido posible por poner en práctica los mismos ejercicios que encontrarás en este libro. Eso sí, no ha sido un paseo por el parque. Me costó tiempo, esfuerzo, paciencia, perseverancia. Hubo dolor, tristeza, duda, temor, y la tentación de renunciar a todo muchas veces —incluyendo un matrimonio fracasado en el camino—, pero perseveré y mantuve la ruta. Espero que tú también lo hagas.

ENTONCES, ¿QUÉ APRENDERÁS LEYENDO ESTE LIBRO?

Aprenderás, por ejemplo, a superar el miedo al fracaso. Aprenderás a superar el perfeccionismo, que lo único que consigue es debilitarnos y producir dolor. Aprenderás a superar las limitaciones de nuestras relaciones. Descubrirás la importancia de la gratitud, la importancia del ejercicio físico y la importancia de dedicar tiempo a tus relaciones.

En este libro te mostraré algunos estudios alucinantes que, con suerte, te convencerán para que te animes a realizar los ejercicios que en él propongo.

Vamos a ver la importancia de la **percepción,** la **interpretación** y el **enfoque,** que marcan la diferencia entre las personas que parecen tenerlo todo y, sin embargo, son infelices, y los que disfrutan de la vida al máximo. Entre personas que no tienen nada, y sin embargo nunca dejan de ser felices, y otras que tienen muy poco y se ven a sí mismas como víctimas de las circunstancias.

Cuando John Carter estudió gente extraordinariamente exitosa encontró que su éxito dependía solo de dos características personales que estos poseían, de las que en cambio carecían las personas menos exitosas. Solo dos cosas importaban, y no era su coeficiente intelectual, ni sus circunstancias externas, ni su origen social o nacional. Las personas extraordinariamente exitosas tenían dos cosas en común: en primer lugar, **creían en sí mismas,** creían que iban a lograr el éxito; y, en segundo lugar, seguían haciéndose preguntas: **siempre querían aprender.**

Por favor, ten en mente solo una cosa que voy a repetir una y otra vez:

NO HAY SOLUCIÓN RÁPIDA.

Si estás buscando una solución rápida, una píldora mágica, un sistema probado que arregle tu vida en un plisplás, este libro no es para ti. Lo que te propongo en este libro funciona, pero llevará algún tiempo. Lo mismo que aprender a jugar al tenis o cualquier otro deporte lleva algún tiempo.

Eso sí: el tiempo que emplees habrá valido la pena.

Una última advertencia

Después de leer este libro no estarás en subidón permanente ni libre de dolor para siempre, ni tendrás éxito en todo lo que hagas. Eso no sería normal. El dolor y superarlo, el fracaso y levantarse de nuevo, los altibajos, el éxito y celebrarlo, las victorias y las pérdidas forman parte de una vida llena de experiencias, aprendiendo y creciendo.

Lo que sí aprenderás en estas páginas es cómo recuperarte de las dificultades más rápido, cómo lidiar con el fracaso, cómo superar antes el dolor y cómo tu enfoque y, en consecuencia, tu interpretación de los acontecimientos, es el indicador que debes vigilar para elevar tu nivel de felicidad.

Si no aplicas lo que aprendas en este libro, será solo un libro más en la estantería.

Si lo haces, este libro —o cualquier otro sobre el tema— puede cambiar tu vida para siempre. Aunque muchas personas pretendan lo contrario…

NO HAY MÁS SECRETO.
¡El único secreto es la APLICACIÓN!

¡Sí! La felicidad se puede aprender. La resiliencia se puede aprender. Recuperarse de los golpes bajos que, de vez en cuando, te da la vida se puede aprender. El optimismo se puede aprender. Gracias a la neurociencia sabemos hoy que nuestro cerebro no es inalterable. Realmente se puede cambiar.

Entonces, ¿cómo podemos llegar a ser más felices y, al aumentar nuestra felicidad, ayudar a otros individuos, comunidades y sociedades en general a ser más felices? ¿Qué es la felicidad y cómo se mide? ¿Es la felicidad realmente un destino? ¿O es más bien una búsqueda durante toda la vida? ¿O un proceso de aprendizaje continuo?

El primer paso del viaje es mirar dentro de nosotros mismos, estudiarnos a nosotros mismos y, haciendo el esfuerzo de aplicar lo aprendido, introducir un cambio de comportamiento en nuestra vida. Esta es, de hecho, la única manera de lograr un cambio real y duradero.

¿Te apuntas? ¡Vamos!...

1

LO BÁSICO

Miremos la base, los cimientos que necesitamos. ¿Qué condiciones tienen que estar en su sitio para comenzar nuestro camino hacia la felicidad?

APLICANDO LA CIENCIA

Las buenas intenciones no son suficientes. Tenemos que partir de los estudios de la psicología positiva y aplicarlos. Por ejemplo, necesitamos más profesores de colegio que sean conscientes del efecto Pigmalión. Tienen que saber que las expectativas que tengan sobre sus alumnos son profecías que se autocumplen, lo que significa que si ven el talento en sus estudiantes es muy probable que despierten en ellos ese talento.

Necesitamos que más psicólogos y médicos sean conscientes de la conexión entre mente y cuerpo. ¿Cuántos de estos profesionales saben que la meditación transforma —literalmente— nuestro cerebro? ¿Cuántos médicos saben que 30 minutos de ejercicio tres veces por semana tienen el mismo efecto que nuestros medicamentos psiquiátricos más poderosos?

CREER QUE EL CAMBIO ES POSIBLE

Para hacer cambios en tu vida lo primero que tienes que hacer es creer que el cambio es posible. Si crees que cambiar es difícil o imposible para ti lo será.

David Lykken y Auke Tellegen, en su famoso estudio de los gemelos de Minnesota (*Minnesota Twins Study*), realizado en los años ochenta, analizaron las trayectorias vitales de una serie de gemelos idénticos que, tras ser separados en el momento de su nacimiento, fueron criados y vivieron en circunstancias radicalmente diferentes. Y encontraron similitudes muy significativas: el nombre de pila de sus esposas eran similares, les gustaba la misma marca de cerveza, pusieron los mismos nombres a sus hijos, tenían una personalidad increíblemente similar y niveles de felicidad similares.

Llegaron a la siguiente conclusión: «**Puede que intentar ser más feliz sea tan inútil como tratar de ser más alto y, por lo tanto, resulta contraproducente intentarlo**». Si bien esta fue una cita muy influyente en su momento, lo cierto es que no solo era una mala noticia, sino también una mala idea. ¡Resulta que estaban equivocados!

Muchos años después, Lykken confesó en una entrevista a *Time Magazine:* «**Hice una declaración estúpida. Está**

**claro que podemos cambiar los niveles de felicidad, hacia
arriba o hacia abajo»**[1].

Un estudio que sostiene que el cambio no es posible
puede causar mucho daño. Imagínate a una persona infeliz
leyendo un artículo como ese. Él o ella es infeliz, lee que no
podemos ser más felices y se lo cree, y luego se convierte en
una profecía que se autocumple.

Hay muchos datos que demuestran que la gente realmente cambia, por ejemplo, los aportados en *coaching* o
terapia. ¿Qué pasó con Lykken y Tellegen? Cometieron lo
que se conoce como **«error del promedio»**. Cuando se
extraen los promedios de ese estudio de gemelos se observan similitudes en los casos estudiados. Ciertamente las hay,
pero también hay diferencias. Estas últimas son los ***outliers***
(valores atípicos que salen en el estudio), y muy a menudo
son estos *outliers* los que resultan más interesantes. Cuando
los investigadores comenzaron a estudiar los *outliers* fue
cuando obtuvieron nuevos resultados.

No cabe duda de que los genes son importantes a la hora
de determinar lo que somos —su peso es aproximadamente
del 50%— pero pese a todo ¡el cambio es posible! A veces
una frase o un libro pueden cambiar tu vida. Hemos visto a
gente cambiar como resultado de sus experiencias (lo que se
conoce como trastorno de estrés postraumático, o crecimiento postraumático; sí, existe). Así que deberíamos reformular
nuestra pregunta: en lugar de **«¿Es posible el cambio?»**
debería ser **«¿Cómo es posible cambiar?»** y **«¿Por qué algunos individuos triunfan a pesar de las circunstancias?»**.

Cuando los científicos dejaron de estudiar los valores
promedio —los sujetos de la muestra que no habían expe-

---

[1] http://content.time.com/time/magazine/article/0,9171,1015832-3,00.
html.

rimentado cambios— y comenzaron a estudiar a los mejores, las personas más felices, sus conclusiones cambiaron y todo cambió. Cuando estudiamos lo que funciona, cuando estudiamos lo mejor, es cuando podemos llegar a comprender el potencial de cada uno de nosotros.

EL PODER DE CADA UNO

Por desgracia, generalmente subestimamos nuestro poder para el cambio. Pero lo cierto es que **una sola persona puede marcar la diferencia.** ¿Por qué? Porque todo cambio comienza en la mente de una sola persona y luego se expande o, como dice Margaret Mead: «Nunca dudes de que un pequeño grupo de ciudadanos pensantes y comprometidos pueda cambiar el mundo».

Subestimamos nuestra capacidad de poder cambiar las cosas, porque subestimamos el potencial de la función exponencial, y el cambio ocurre exponencialmente. Piensa, por ejemplo, en la naturaleza exponencial de las redes sociales. Según la popular teoría de los 6 grados de separación, cada persona estaría conectada a cualquier otra persona del planeta a través de una cadena de conocidos de no más de seis enlaces, enlazados a su vez exponencialmente en cadena a otros seis y así hasta formar todo un entramado de alcance global.

O pensemos en el poder de la sonrisa. Las sonrisas son contagiosas. Si haces sonreír a tres personas, y estas tres personas hacen que otras tres sonrían, y así sucesivamente, entonces dentro de los 20 grados de separación el mundo entero estaría sonriendo. Lo mismo sucede cuando estás haciendo que la gente se sienta bien.

En realidad, estamos influyendo en las personas que nos rodean cada minuto de nuestra vida. La única pregunta es: **¿en qué dirección lo vamos a hacer?** ¿Vamos a ser una fuerza para el cambio, aplicando nuestros conocimientos, o simplemente vamos a tener buenas intenciones, hablando de cambio sin realmente invertir en él el esfuerzo que hace falta?

Si nuestra respuesta es la primera ¡entonces sí! El cambio es posible. Ahora está demostrado que podemos cambiar nuestro cerebro a través de la mera práctica. Podemos reprogramar nuestro cerebro para que sea más positivo, creativo, resistente y productivo, para descubrir nuevas oportunidades donde quiera que miremos. Nuestros pensamientos y nuestros actos cotidianos pueden cambiar nuestro cerebro. Podemos aprender a ser más felices. Los pesimistas pueden aprender a convertirse en optimistas y el cerebro negativo puede ser entrenado para relajarse y ver más oportunidades. Pero, como con cualquier entrenamiento, **se necesita ESFUERZO.**

¿QUÉ FACTORES INFLUYEN MÁS EN LA FELICIDAD?

La mayoría de nosotros pensamos que nuestra felicidad depende en alto grado de factores externos (la suerte, el destino, el apoyo de alguien…). Veamos, por ejemplo, ¿quienes crees que son más felices, los que ganaron un premio en la lotería o los que se quedaron paralíticos a raíz de un accidente? El caso es que se hizo un estudio precisamente sobre casos tan antagónicos y los resultados fueron sorprendentes…

Por supuesto, los afortunados ganadores de la lotería se pusieron muy contentos. Pero no por mucho tiempo. Seis meses después de resultar premiados volvieron a su nivel anterior de felicidad. Las víctimas del accidente quedaron abatidos tras su desgracia pero, sorprendentemente, después de seis meses también volvieron a su anterior nivel de felicidad. O al menos casi.

Un estudio similar se hizo con profesores de una universidad. Se les preguntó lo felices que serían si obtuvieran la titularidad y respondieron «Muy feliz para el resto de mi vida». A otros se les preguntó lo infelices que serían si no consiguieran el puesto de profesor titular y su respuesta fue: «Muy infeliz durante mucho tiempo». Cuando los investigadores regresaron, al cabo de seis meses, cada entrevistado había vuelto a su nivel anterior de bienestar. Si eran felices antes, seguían siendo felices seis meses después y si se sentían infelices antes, seguían siéndolo después, hubieran conseguido o no el puesto anhelado. No importaba que fueran ganadores de lotería, víctimas de accidentes o profesores. Todos los individuos de estos estudios volvieron a su **nivel básico de felicidad.**

Esto demuestra que es muy difícil modificar el grado de felicidad basado en factores externos, y hay muchos estudios que apoyan esta tesis. También muestra que **todos gravitamos alrededor de un nivel básico de felicidad.** El objetivo, por tanto, ha de centrarse en elevar este nivel inicial de felicidad, lo que se puede lograr con los ejercicios de los que trataré más adelante.

Se podría objetar que los datos obtenidos por estas investigaciones, en su mayoría, eran subjetivos pues fueron obtenidos mediante cuestionarios. Pero el caso es que, tras la incorporación de nuevas tecnologías, como el escaneo cerebral, la imagen por resonancia magnética o el electroencefalograma, los psicólogos han encontrado que hay una correlación muy elevada entre la medición obtenida por métodos objetivos, como el escaneo cerebral, y la evaluación personal obtenida mediante cuestionarios.

Ed Diener, por ejemplo, concluyó que una vez que las necesidades primarias (refugio, comida, educación básica) están cubiertas, los ingresos no son determinantes para nuestra felicidad, excepto en situaciones extremas. Una persona sin hogar seguramente podrá ser mucho más feliz si le pagas 2000 dólares al mes. En general, cuando miramos a nuestro alrededor vemos que nuestra generación es mucho más rica que la de nuestros padres y abuelos, pero los niveles de depresión y ansiedad han aumentado significativamente.

El lugar de residencia tampoco marca una diferencia sustancial en nuestro nivel de felicidad. «Si me mudo a Italia, seré más feliz». Sí, por un tiempo, antes de que regreses a tu nivel básico de felicidad. La ciencia confirma que el lugar de residencia no contribuye especialmente a nuestra felicidad, si hace sol o no, ni cuánto dinero ganamos, ni si nos toca la lotería, ni si obtenemos la promoción laboral que buscamos ni si conseguimos el trabajo de nuestros sueños —sí influye, en cambio, el hecho de vivir en una democracia o bajo una dictadura—. Así que podrías decir: entonces, **¿por qué trabajo tan duro si no hay ninguna diferencia?** Bueno, no marca la diferencia, pero eso no significa que no podamos aumentar nuestros niveles de felicidad y bienestar. Y esa es la buena noticia: **puedes aumentar tu nivel básico de bienestar.**

Cuando se habla de felicidad e infelicidad, mucha gente tiende a pensar —equivocadamente— que el problema está en que se han fijado expectativas demasiadas altas. Por lo tanto, si se rebajan las expectativas, se reducirán los niveles de estrés y se disfrutará más de la vida. **¡Falso otra vez!** Probablemente serás más feliz, pero no a largo plazo.

El problema no es de expectativas bajas frente a expectativas altas: el problema es de expectativas correctas contra expectativas equivocadas:

Así, por ejemplo, es una **expectativa equivocada** cifrar nuestra felicidad en conseguir un determinado puesto de trabajo, un aumento de sueldo, en residir en un lugar determinado, en encontrar la pareja ideal. Nada de esto elevará nuestro nivel básico de felicidad.

La **expectativa correcta** es creer en el cambio desde dentro. Nuestra felicidad depende en gran medida de nuestro estado de ánimo, NO de nuestro estatus o del estado de nuestra cuenta bancaria. Se trata de cambiar nuestra percepción, nuestro estado de ánimo, nuestra interpretación del mundo, nuestra forma de valorar lo que nos está sucediendo, nuestros logros, nuestros fracasos.

Científicamente hablando, la felicidad depende de lo que elegimos percibir, depende de en qué elegimos centrarnos...

ACEPTANDO NUESTRAS EMOCIONES

Lo último que quisiera es que pienses que después de leer este libro experimentarás un subidón constante y que nunca más tendrás ningún problema. Esto no sucederá. Como dice Tal Ben-Shahar, «**hay dos tipos de personas que no experimentan emociones dolorosas como la ira, la envidia, la decepción, la tristeza, la infelicidad o la depresión: los psicópatas y los muertos**».

Si experimentas todas estas emociones es una buena señal: no estás muerto y no eres un psicópata. Sin embargo, en nuestra cultura no nos concedemos lo que Tal Ben-Shahar llama «el permiso para ser humano». No nos damos permiso para experimentar también estas emociones dolorosas, aunque son una parte innegable de la naturaleza humana.

Cuando somos bebés y niños sí nos permitimos ser humanos. Más tarde, la sociedad se vuelve importante para nosotros, y nos damos cuenta de que nos observan y nos evalúan constantemente. Ahí es cuando empezamos a prohibirnos ser humanos. Las consecuencias son que nuestros niveles de energía, nuestro bienestar, nuestra felicidad, nuestra creatividad y, finalmente, también nuestro éxito sufren.

Date permiso para sentir las emociones dolorosas cuando las experimentes y acéptalas. Eso es ser humano. Lo peor que puedes hacer es anular una emoción. Cuando suprimimos una emoción, la emoción solo se hace más fuerte.

Es como cuando dices «No pienses en un elefante rojo». Seguro que acabas de ver un elefante rojo en tu mente, ¿verdad? Lo mismo ocurre con tus emociones. Por ejemplo, si te pone nervioso hablar en público y no dejas de repetirte a ti mismo «No estoy nervioso, no estoy nervioso, no estoy nervioso», cuando por fin empiezas a hablar, estás más nervioso que nunca. Si estás triste y te dices «Estoy feliz, estoy feliz, estoy feliz», lo más probable es que acabes aún más triste y frustrado. No puedes engañar a tus emociones, así que acéptalas.

Las emociones dolorosas son tan consustanciales a la naturaleza humana como la ley de la gravedad lo es a la naturaleza física, o como la lluvia forma parte de la naturaleza climatológica. Rechazar nuestra propia naturaleza conduce a un mal rendimiento. La envidia, la ira, la tristeza, la depresión son parte de la naturaleza humana. No hay nada bueno o malo en ellos. Simplemente son. Cada emoción tiene su función. El miedo te protege. La ira te permite defenderte, poner límites y mostrar a otros lo que te molesta. La tristeza te permite llorar e identificar la falta de algo o alguien. Encuentra un lugar donde puedas darte permiso para ser humano. Esto puede ser el tiempo a solas que dedicas a escribir en tu diario, o el que pasas con tus amigos y familiares.

Darte el permiso para ser humano no significa que ya no tendrás emociones dolorosas. Significa que el sistema inmunológico de tu psique se fortalecerá. Un sistema inmunológico más fuerte no significa que no volverás a enfermar (como siempre pensé). Significa que enfermarás menos y, cuando enfermes, te recuperarás mucho más rápido.

La diferencia entre las personas extremadamente felices y las extremadamente infelices no es que las segundas se sientan tristes, trastornadas, ansiosas o deprimidas y las primeras no. La diferencia es lo rápido que estas se recuperan de tan dolorosas emociones.

Tenemos que dejar de fingir que nos va genial y que todo está bien, cuando en realidad no está yendo tan bien. Sería más honesto decir: «Estoy pasando un mal momento ahora mismo; estoy muy estresado». Pero no lo hacemos. No queremos admitirlo. No nos damos el permiso para ser humanos, porque creemos que hay algo malo en nosotros si experimentamos estas emociones. Y no hay nada malo. **La felicidad no significa que tienes que ser feliz todo el tiempo; tampoco necesitas serlo.**

SER FELIZ, EL OBJETIVO FINAL

Algo también imprescindible para hacer que todo esto funcione es que otorguemos a la felicidad una importancia prioritaria. Tenemos que convertirla en el fin último que perseguimos. Detente por un momento y analiza tus pensamientos. ¿Acaso no pasamos mucho tiempo pensando en la felicidad, tanto para nosotros mismos como para los demás?

Aristóteles dijo hace más de 2500 años: «La felicidad es el significado y el propósito de la vida. El objetivo y el fin últimos de la existencia humana». William James llega a la conclusión de que «Si nos preguntamos cuál es la principal preocupación de la vida humana, una de las respuestas que deberíamos recibir sería: es la felicidad. Cómo ganar, cómo mantener, cómo recuperar la felicidad es, de hecho, para la mayoría de los hombres y en todo momento el motivo secreto de todo lo que hacen». Por último, el Dalai Lama afirma: «Si uno cree en una religión o no, si uno cree en una religión o en otra, da igual: el propósito mismo de la vida es la felicidad. El movimiento mismo de nuestra vida es hacia la felicidad».

La felicidad, o la búsqueda de ella, trasciende las culturas, las religiones y las clases sociales. En el curso que impartí en la Geneva Business School de Barcelona había cristianos, musulmanes y ateos, había casi tantas naciones como estudiantes en la sala, y todos teníamos una cosa en común: el propósito de aprender cómo podemos ser más felices.

Una cosa es segura, y te daré las pruebas científicas que lo corroboran, en caso de que necesites que te convenza: **la felicidad contribuye a nuestra vida, a nuestras relaciones con otras personas. La felicidad nos ayuda a pensar más allá, a construir relaciones y desarrollar capacidades.**

Los estudios que Barbara Fredrickson llevó a cabo mostraron que «a través de la experiencia de las emociones positivas las personas se transforman, se vuelven más creativas, conocedoras, resistentes, socialmente integradas y más sanas».

¡Sí! ¡Las emociones positivas nos ayudan a superar las emociones negativas! Mientras que las emociones negativas estrechan y constriñen nuestro enfoque, algo que puede ser estratégicamente ventajoso cuando te encuentras con un animal salvaje en la jungla y la pregunta es «¿luchar o huir?», no es tan bueno si el mismo enfoque restrictivo se mantiene más allá de la amenaza. Las emociones positivas, por su parte, amplían y expanden nuestra línea de visión periférica.

Si, por ejemplo, mi novia o esposa me dejan, es normal que esta pérdida ocupe mi pensamiento durante un tiempo y sienta tristeza. Pero si pasa el tiempo y no dejo de pensar: «¡Oh, ella me dejó! ¡Pobre de mí! ¿cómo ha podido hacerme esto», mi tristeza irá creciendo y creciendo. Y si no salgo de esta formulación, si continúo con estos pensamientos, puede convertirse en una depresión.

Lo mismo ocurre con las emociones positivas. Las emociones positivas pueden sacarnos de la espiral descendente y crear una espiral ascendente. Podemos mejorar las emociones positivas viendo una película divertida, charlando con un amigo querido, haciendo respiraciones profundas, recordando cosas buenas que nos han sucedido, cambiando nuestra postura corporal. En realidad, no hace falta mucho tiempo para practicarlo, pero tenemos que estar dispuestos a probar estas y otras alternativas en lugar de descartarlas como si fueran «tonterías».

Los científicos de la Universidad de Toronto descubrieron que si estamos en un estado de ánimo positivo somos capaces incluso de percibir más y mejor lo que nos rodea[2]. Los científicos dividieron el grupo de muestra en dos subgrupos, a los que prepararon para que tuvieran un estado de ánimo positivo o negativo, y luego les presentaron una serie de imágenes. Los resultados fueron impresionantes: el subgrupo que había sido condicionado negativamente había dejado de percibir aspectos sustanciales de las imágenes mostradas, mientras que el condicionado positivamente fue capaz de captar todos los detalles.

[2] Schmitz, T. W., De Rosa, E., y Anderson A. K. (2009). «Opposing influence of affective state valence on visual cortical encoding». *Journal of Neuroscience, 29,* pp. 7199-7207.

En otro experimento se pidió a niños de 4 años que juntaran bloques de diferentes formas tan rápidamente como pudieran. A un grupo de niños se les pidió que pensaran en algo que les hiciera felices. Esos niños superaron significativamente al grupo de niños que no estaban preparados para ser positivos. Fueron más rápidos y tuvieron menos errores.

Y hay otro estudio que me gusta recordar con frecuencia a mi amigo Marc, médico de profesión. En un experimento realizado por Estrada, Isen y Young, se demostró que los médicos felices llegaban a un diagnóstico mucho más rápido (dos veces más rápido que un grupo de control neutral) y eran mucho más creativos que sus compañeros de profesión neutrales.

¿Y qué hay de otras personas? ¿Cómo podemos hablar o actuar en nuestra vida persiguiendo NUESTRA felicidad? ¿Acaso esto es egoísta? ¡SÍ, LO ES! «Quiero ser más feliz», eso es egoísta. Pero solo se vuelve malo y/o inmoral en una sociedad donde el egoísmo y la inmoralidad se han convertido esencialmente en sinónimos.

La primera causa de infelicidad —conscientemente o no— es sentirse culpable por perseguir la felicidad. Muchas veces nos enseñan a sentirnos culpables por sentirnos bien con nosotros mismos. **¡Esto tiene que parar YA!**

Cuando estás feliz contribuyes a la felicidad y al bienestar de otras personas. La felicidad es la única cosa que crece cuando la compartes con otros; como se suele decir: «Puedes encender miles de velas con una sola vela». Tu felicidad no reduce la felicidad de otras personas. De hecho, la mayoría de las veces incrementa su felicidad. Ayudar a los demás también nos ayuda a nosotros mismos. Sentirse bien sienta bien. Si quieres difundir felicidad, trabaja en tu propia felicidad, porque entonces estarás liderando con tu ejemplo, y la gente tiende más a imitar lo que haces que lo que dices.

2

EL PODER DE TUS CREENCIAS

TUS CREENCIAS CREAN TU REALIDAD

La primera vez que leí esto fue hace casi treinta años en *El material de Seth,* un relato sobre la vida, la muerte y el universo intangible escrito en 1970 por Jane Robers, una médium que decía hablar por boca de un «guía espiritual» del más allá llamado Seth. Todo muy metafísico, lo sé; sin embargo, en los últimos veinticinco años hemos visto que la ciencia ha ido corroborando muchas de las cosas escritas por Jane/Seth. Así es, actualmente la ciencia puede demostrar que nuestras creencias realmente crean nuestra realidad y que son profecías que se autocumplen.

¿Recuerdas el estudio de las personas más exitosas que he mencionado antes? Una de las dos características que tenían era que **creían en sí mismas.** Sabían que iban a lograrlo … y lo mejor es que también TÚ puedes aprender a creer en ti mismo.

En este capítulo te propongo que profundicemos un poco más en el tema de las creencias y, un poco más adelante, echaremos un vistazo a las asombrosas conclusiones de algunos estudios sobre esto.

Robert Dilts define las creencias como «juicios y evaluaciones sobre nosotros mismos, los otros y el mundo que nos rodea. Una creencia es un patrón de pensamiento habitual. Una vez que una persona cree que algo es cierto (**no importa si es verdad o no**) él o ella actúan como si lo fuera, recopilando hechos para corroborarlo, aunque sea falso». Así que cada uno de nosotros ve el mundo a través de las lentes de nuestras propias creencias.

El mecanismo funciona así: tus creencias influyen en tus emociones, tus emociones influyen en tus acciones y tus acciones crean tus resultados. Así que, si quieres resultados diferentes, tienes que seguir la cadena hacia atrás. Para obtener un resultado concreto, ¿cómo tienes que actuar? Y para actuar de forma que obtengas ese resultado, ¿cómo tienes que sentir? Y para sentirte del modo que te haga actuar para obtener el resultado que buscas… ¿qué tienes que creer?

Hasta 1954 se creía imposible que un hombre pudiera correr una milla en menos de cuatro minutos. Los médicos y los científicos dijeron que era imposible. Incluso se publicaron trabajos científicos y sesudos estudios sobre el tema. Algunos llegaron a concluir que el corazón de un hombre que corre una milla en menos de cuatro minutos literalmente explotaría. Todos estos estudios se convirtieron en papel mojado el 6 de mayo de 1954, cuando Roger Bannister, en Oxford, demostró que estaban equivocados al correr una milla en menos de cuatro minutos (y su corazón no explotó). Solo seis semanas después, el australiano John Landy hizo lo mismo. En 1955, un total de 37 corredores corrieron la milla en menos de 4 minutos y en 1956 fueron ya más de 300 los corredores que lo lograron. ¿Qué pasó?

Era el poder de su MENTE. Mientras creyeran que era imposible, su mente subconsciente les impediría correr más rápido. Una vez que alguien rompió la barrera de los 4 minutos, los otros vieron que podía hacerse. Y lo hicieron.

Nuestras creencias determinan nuestro rendimiento, la calidad de nuestras relaciones y muchas cosas más. Son el predictor número uno del éxito y del bienestar en la vida. Entonces, ¿cómo funciona? ¿Cómo podemos superar nuestras creencias? ¿Cómo podemos hacer realidad un sueño?

«Si tratamos a las personas como deben ser, les ayudamos a convertirse en lo que son capaces de ser».

Lo que mi compatriota Goethe ya sabía hace cientos de años ha sido probado por el **«efecto Pigmalión»: nuestra creencia en el potencial de una persona despierta ese potencial.**

Cuando Robert Rosenthal y su equipo llegaron a una escuela de primaria e hicieron algunas pruebas de inteligencia a sus estudiantes, les dijeron a los maestros que los estudiantes A, B y C habían obtenido resultados extraordinarios y eran unos auténticos superdotados. Explicaron a sus maestros que no debían mencionar esto a los estudiantes, ni tratarlos de manera diferente que a los demás y, para hacerles comprender la seriedad del proyecto, les dijeron a los maestros que iban a ser observados regularmente.

Al final del año, las pruebas se repitieron y, sin sorpresas, A, B y C una vez más demostraron una habilidad intelectual fuera de lo común. ¿Una vez más? Bueno, lo divertido fue que los investigadores mintieron a los maestros la primera vez. Cuando se hicieron las pruebas la primera vez, A, B y C eran absolutamente normales y su coeficiente intelectual no destacaba de la media; de hecho, habían sido elegidos totalmente al azar por los investigadores. **Conclu-yeron que el simple hecho de que los maestros creyeran en el potencial de esos alumnos despertó en ellos ese mismo potencial.**

Recuerda esto, porque el efecto Pigmalión puede ocurrir en cualquier lugar. Las expectativas que tienes acerca de tus compañeros de trabajo, tus hijos, tus amigos y tu pareja —no importa si las formulas abiertamente o no— pueden hacer que se conviertan en realidad.

Otro experimento asombroso fue el realizado por Ellen Langer en 1979. Langer reunió a un grupo de abuelitos de 75 años durante una semana en un hotel, en una especie de retiro. Esos hombres tenían que fingir que eran 20 años más jóvenes. Había libros, revistas, periódicos, programas de televisión, noticias y fotografías, todo de 1959. Iban vestidos como en 1959, caminaban como en 1959 e incluso sus tarjetas de identificación tenían fotos suyas de veinte años atrás.

Justo antes del retiro, fueron examinados respecto a su fuerza física, postura y memoria a corto plazo. Los abuelos pasaron una agradable estancia de una semana en el hotel, fingiendo vivir como en 1959. Y los resultados del experimento fueron increíbles: **después del retiro todos mejoraron significativamente.**

Su vista mejoró hasta un 10%, como también su oído y su memoria, su apariencia física cambió, se volvieron más flexibles, más fuertes, más saludables y más felices. **¡Tanto su edad mental como su edad fisiológica disminuyeron!** Y todo eso solo porque entraron en una situación positiva muy poderosa[1].

---

[1] Langer, E. (2009), Counterclockwise: *Mindful Health and the Power of Possibility,* Nueva York, Ballantine.

Creando una situación positiva

Puedes crear una situación positiva para ti mismo. Los científicos lo llaman *priming,* o condicionamiento.

El condicionamiento se produce cuando alguien, consciente o inconscientemente, hace arraigar una idea, una creencia o una imagen en su propia mente o en la de otra persona, y esto influye a partir de entonces en su comportamiento.

Por ejemplo, personas mayores que habían sido condicionadas con palabras asociadas a la vejez, como *bastón* o *artrosis,* obtuvieron peores resultados en pruebas de memoria que las personas que no fueron preparadas de esa manera. Los observadores del experimento comprobaron que estos sujetos incluso se movían más torpemente y caminaban encorvados, como si tuvieran más edad de la que en realidad tenían.

Por otro lado, cuando fueron estimulados con palabras asertivas, como *logro, perseverancia* o *éxito,* lograron mejores resultados en pruebas de inteligencia y memoria y mostraron mayor constancia al emprender y ejecutar tareas difíciles.

En otro experimento, los sujetos fueron divididos en tres grupos: «*hooligans*», «secretarias» y «profesores». A cada sujeto se le pidió que describiera cómo imaginaba un día cualquiera en la vida de la categoría que se le había asignado y, finalmente, se les realizaron pruebas de memoria y de inteligencia. Adivina quién tuvo los peores resultados... Exacto: el grupo que representaba a los *hooligans.* El grupo «profesores» obtuvo los mejores resultados.

Puedes usar el poder del *priming* y el poder de nuestras creencias creando un ambiente positivo que saque lo mejor de ti. Estos son algunos ejemplos de cómo hacerlo:

☑ Pon cerca de ti fotos de personas o lugares que amas.

☑ Rodéate de tus objetos más queridos (flores, recuerdos, arte, etc.).

☑ Ten tus citas y libros favoritos a mano y a la vista.

☑ Escucha tu música preferida.

☑ Mira películas o acude a conferencias que te inspiren.

Cuando yo me quedé en paro me alimenté de historias constructivas, miré películas optimistas, asistí a charlas y conferencias estimulantes, busqué todo aquello que pudiera resultarme inspirador y me ayudase a enfocarme en lo positivo. Pensé mucho en J. K. Rowling, que también estuvo en paro cuando concibió la exitosísima serie de Harry Potter, y en Paulo Coelho, cuyo libro *El alquimista* no vendió ningún ejemplar en los primeros seis meses y a día de hoy lleva vendidos más de 65 millones de ejemplares.

CREE EN TI

Tengo una fantástica noticia para ti: **puedes aprender a creer en ti, la autoestima se aprende.** Puede llevarte algo de tiempo y tendrás que practicar —como con todo—, pero puedes trabajar en ello. Albert Bandura descubrió que el 56 % del rendimiento de un atleta está determinado por sus propias expectativas de éxito y por el nivel de confianza que muestra en que va a conseguir su meta. Si eso funciona para un atleta, ¿por qué no va a funcionar para TI en tu día a día?

Nathaniel Branden, uno de los principales investigadores en autoestima, llegó a la conclusión de que «el nivel de autoestima tiene profundas consecuencias para cada aspecto de la existencia, desde cómo funcionamos en el lugar de trabajo, cómo lidiamos con la gente, hasta lo alto podemos llegar, qué podemos lograr, de quién nos enamoramos, cómo interactuamos con nuestro cónyuge, nuestros hijos y nuestros amigos, qué nivel de felicidad personal alcanzamos».

Cambia tu rendimiento cambiando tus creencias

Tienes dos opciones. Puedes elegir percibir el dolor, la negatividad, el estrés, o puedes mirar las cosas con una lente de optimismo, gratitud, esperanza, resiliencia y significado. Es posible que no consigas cambiar la realidad, pero puedes y debes usar tu cerebro para cambiar la manera en que procesas el mundo que te rodea y eso cambiará tu forma de reaccionar a lo que te sucede. Es hora de que utilices el poder de tus creencias para cambiar tu realidad.

¿Necesitas más pruebas para confirmar el poder de tus creencias? Vamos a ello.

Tomemos, por ejemplo, el efecto placebo. Funciona de esta manera: tienes dolor de cabeza, vas a un médico, el médico te receta una pastilla, te tomas la pastilla y 30 minutos después ya se ha ido el dolor de cabeza. Muy bien. No hay sorpresas hasta ahora. Pero, ¿qué pasa si el médico te dio una pastilla de azúcar (placebo) en lugar de una aspirina? ¿Qué te quitó el dolor de cabeza? Correcto: **tu creencia de que la pastilla te curaría.** De hecho, un placebo es entre un **55%** y un **60%** tan eficaz como un medicamento.

Herbert Benson lo llevó un poco más lejos. Trató con un placebo a un grupo de mujeres embarazadas aquejadas de náuseas y ¡sorpresa, sorpresa!: se sintieron mejor después de tomar la pastilla. También ellas mejoraron solo por creer que así sucedería. Pero el bueno de Herbert no se detuvo allí. En la siguiente sesión les dio una pequeña dosis de ipeca. La ipeca, o ipecacuana, es en realidad una sustancia vegetal que induce el vómito. Así que las mujeres embarazadas que ya sentían náuseas —en teoría— deberían sentir aún más náuseas. Pero como no sabían que estaban tomándola... **pues ¡mejoraron!**

¡Ojo! Esto no significa que las drogas no tengan ningún efecto, pero demuestra el enorme poder de nuestra mente y no debemos descartarlo.

El experimento más increíble fue llevado a cabo por investigadores japoneses, y lo cierto es que no tengo ni idea de cómo obtuvieron permiso para hacerlo... Los investigadores frotaron los brazos de trece estudiantes con una planta inofensiva y les dijeron que era hiedra venenosa. Los trece mostraron síntomas, una erupción cutánea muy dolorosa y de desagradable aspecto. En la siguiente sesión les frotaron los brazos con hiedra venenosa real, pero les dijeron que era una planta inofensiva y solo dos estudiantes mostraron síntomas. Partiendo de estos resultados increíbles, los investigadores llegaron a la conclusión de que nuestro cerebro está organizado para actuar **en función de lo que esperamos que suceda a continuación**[2].

Así que sí: nuestras creencias se convierten en profecías que se autocumplen. Pueden realmente modificar los resultados concretos de nuestros esfuerzos y nuestro trabajo. Por ese motivo, «el concepto que tienes de ti mismo se convierte en tu destino» («*self-concept is destiny*»).

A. J. Crum y E. Langer lo demostraron fehacientemente en un experimento que realizaron con personal de limpieza de diferentes hoteles. Formaron dos grupos. Al gru-

---

[2] Blakeslee, S. «Placebos prove so powerful even experts are surprised». *New York Times,* 13/10/1998.

po 1 les dijeron que pensaran en su trabajo como ejercicio y actividad física, mientras que al grupo 2 no les dijeron nada. Después de tan solo seis semanas, los miembros del grupo 1 habían perdido peso y su colesterol había bajado también. ¡La única diferencia entre los dos grupos era **¡cómo sus cerebros concibieron el trabajo que estaban realizando!**[3].

Todos estos estudios nos muestran que **lo que se piensa sobre las actividades que realizamos diariamente definen la realidad vivida más que estas actividades en sí mismas.** Asombroso, ¿no? ¿No te preguntas cuánto más productivo y eficiente podrías ser si cambiaras la forma en la que ves tu actividad laboral diaria?

¡Ten cuidado! Si crees que el tiempo que pasas con tu familia o tu tiempo libre no son productivos, esta misma creencia los convertirá en una pérdida de tiempo. Entrénate para adoptar mejores creencias sobre tu tiempo como, por ejemplo, viéndolo como una oportunidad para aprender cosas nuevas, un tiempo para recargar las pilas o para conectar con otros. Si lo consigues, tu tiempo libre te devolverá a la rutina diaria más fuerte y relajado que nunca.

Y hay aún más. Aplicando el efecto placebo y el efecto Pigmalión, podemos decir que **cuanto más creas en tu capacidad para lograr el éxito, más probable es que lo consigas.**

Aún más importante es que creas que puedes mejorar, que puedes superar tus cualidades básicas a través del entrenamiento y el esfuerzo, y así maximizar tu potencial. Esto es lo que los psicólogos llaman una «mentalidad de crecimiento» o *growth mindset*.

---

[3] Crum, A. J., y Langer, E. J., (2007) «Mindset Matters. Exercise and the Placebo Effect». *Psychological Science,* 18 (2), pp. 165-171.

Frente a esta mentalidad activa tienes la «mentalidad fija» o *fixed mindset*. Las personas que pertenecen a este segundo grupo piensan que sus capacidades ya están establecidas y que no pueden cambiarlas. Las personas que piensan así generalmente pierden oportunidades de mejora y, en consecuencia, rinden por debajo de sus posibilidades.

Así que recuerda: **si crees que lo harás bien, probablemente lo harás bien.** Me encantaría presentarlo de forma más compleja o elaborada, pero realmente es así de simple. La parte difícil es el trabajo diario y el entrenamiento que tienes que hacer para alcanzar ese nivel de autocreencia.

¡Nuestra realidad depende realmente de cómo la vemos! Los psicólogos positivos descubrieron que las **circunstancias externas predicen solo el 10% de nuestra felicidadd.** Eso significa que si lo yo supiera todo sobre ti —dónde vives (en qué país, en una casa o un apartamento), dónde trabajas, tu salario, tu coche, etc.—, aun así solo podría predecir el 10% de tu felicidad[4].

Tengo que repetirlo una vez más: **la forma en que percibes estas circunstancias externas es mucho más importante para tu felicidad que las circunstancias mismas.** Al cambiar la manera en que percibes tus circunstancias, tu trabajo y a ti mismo, podrás mejorar sustancialmente tus resultados.

SER OPTIMISTA AYUDA

Incluso si piensas que se nace optimista o pesimista, el hecho de pertenecer a una u otra categoría, en última ins-

---

4 Shawn Achor, *The Happiness Advantage,* p. 78.

tancia, se reduce a una sola cosa: **cómo se interpretan los acontecimientos.**

¿Interpretas un acontecimiento como permanente («nunca») o como temporal («un paso más cerca»). ¿Ves el fracaso como una catástrofe, y te rindes, o lo ves como una oportunidad para el éxito?

En los últimos dos años fracasé más que en los 41 años anteriores. De verdad. Durante los últimos dos años tuve al menos un fracaso a la semana. Tampoco es casualidad que hayan sido los dos mejores años de mi vida. Porque tras muchos fracasos viene automáticamente más éxito. Es un juego de números. Si tengo que ser rechazado quince veces para conseguir una conferencia bien pagada acepto esta ecuación en cualquier momento.

Volvamos a la interpretación. Estoy seguro de que has escuchado la historia de Thomas Edison, que consideraba sus 10.000 intentos fallidos de crear la bombilla no como un fracaso, sino como 10.000 maneras de demostrar lo que no había funcionado. Cuando Dean Simonton estudió a los científicos y artistas más exitosos de la historia descubrió que, también ellos, fueron los que más fracasos habían acumulado.

Muchos recuerdan a Babe Ruth como uno de los mejores jugadores de béisbol de todos los tiempos y por sus récords de *home runs*, pero pocas personas saben que las temporadas que consiguió más *home runs* fueron también las temporadas en las que tuvo más *strikeouts*. Él mismo lo dijo: «Cada golpe que fallo estoy más cerca del próximo *home run*»[5].

---

[5] En el béisbol, el *homerun* (escrito también *home run*), *jonrón* o *cuadrangular,* es cuando el bateador traspasa la cerca y anota una carrera. Un *strikeout* (o *strike-out*), conocido comúnmente en español como *ponche,* se produce cuando un bateador acumula tres *strikes* durante

Si puedes internalizar esa manera de interpretar el fracaso nada podrá detenerte. ¿Has tenido que hacer cincuenta llamadas telefónicas para hacer una venta? Bien. ¿Quince rechazos para conseguir una conferencia? Vale. ¿Cincuenta entrevistas de trabajo para encontrar el trabajo de tus sueños? Perfecto. No hay otra manera de aprender. No hay otra forma de tener éxito. Así aprendes a caminar, así aprendes a comer. Aprende a fallar o no aprenderás. Falla a menudo. Falla rápido.

Aprender a interpretar los acontecimientos de forma optimista conduce a un éxito mucho mayor. También fortalece nuestro sistema inmunológico, tanto en lo biológico como en lo psicológico. Y por último... los optimistas viven más tiempo, lo que no significa que todos los pesimistas mueran jóvenes, porque hay más cosas que tener en cuenta. Tampoco significa que todos los optimistas vivan mucho tiempo. Si fumas 40 cigarrillos al día, puede que no te ayude mucho ser optimista.

Y hay otra cosa muy importante con la que hay que tener cuidado: **el falso optimismo tarde o temprano conduce a la desilusión, la ira, la desesperanza.** Tenemos que entrenarnos para convertirnos en «optimistas realistas». El pensamiento positivo, por sí solo, no es suficiente. Es parte de la formula del éxito, pero no lo es todo. También tienes que agregar optimismo, pasión y trabajo duro a la fórmula.

¿Por qué nadie nos enseñó esto? Tal vez porque los innumerables estudios sobre la influencia de la felicidad en nuestro éxito solo están empezando a conocerse hace relativamente poco tiempo. Estos estudios se hicieron hace mucho, pero poca gente los leyó o los comprendió en su

---

su turno al bate. Por lo general, significa que el bateador queda eliminado (*out*).

momento. Como dije al principio, hace veinte años se podía creer, o no. Ahora tienes pruebas científicas difíciles de refutar. Otra razón es que nuestros padres están a menudo preocupados por nosotros, por nuestra felicidad y por nuestra autoestima. No quieren que nos decepcionamos. Piensan que las expectativas demasiado altas nos llevarán a la decepción, pero eso es totalmente incorrecto. **Lo que conduce a la decepción son las falsas expectativas, no las expectativas elevadas.**

En este caso, la falsa expectativa es que los acontecimientos pueden hacernos felices o infelices. Eso es un error. La ciencia descubrió que hay altibajos alrededor de un nivel básico de bienestar. **Estos altibajos en la vida son inevitables, la forma de lidiar con ellos es elección tuya.** La buena noticia que se desprende de esto es que puedes adoptar más riesgos. Si te enfrentas a las cosas en lugar de evitarlas, si te arriesgas, si te mides con ellas, si sales exitoso —o al menos lo intentas—, tu nivel básico de felicidad aumenta y de eso es de lo que se trata.

La **teoría de la autopercepción** afirma que extraemos conclusiones sobre nosotros mismos de la misma manera en que las extraemos sobre otros: analizando nuestro comportamiento. Así que si nos comportamos como personas con autoestima, nuestra autoestima aumenta. Si pensamos de nosotros mismos: «Debo ser una persona que confía en sí misma», esto se convierte en una profecía que se autocumple y nos volvemos más seguros de nosotros mismos.

Hablaremos del fracaso más adelante, en otro capítulo, pero permíteme que aquí te adelante una cosa: **el dolor que produce el fracaso es mucho menor que el dolor que creemos que viene asociado a él.** De verdad. Una vez que nos damos cuenta de esto nos volvemos más seguros diciéndonos: «Puedo lidiar con esto. Puedo manejarlo. En realidad soy más resistente de lo que pensaba». Entonces tu autoestima aumentará, tu felicidad aumentará y, finalmente, el éxito aparece. **No hay otra manera de tener éxito.**

LAS TRES CLAVES DEL ÉXITO

En primer lugar, TENEMOS que ACTUAR. No hay otra forma, es inevitable. Si encuentras una manera de tener éxito sin actuar ni trabajar duro, por favor, házmelo saber. Sé que en todas partes anuncian mil formas distintas de triunfar desde el sillón y sin despeinarse, pero todas las personas exitosas que conozco yo han llegado al éxito a base de trabajo. Por mi parte, he trabajado de 40 a 60 horas por semana en los últimos tres años, fines de semana incluidos. Creo firmemente que el trabajo es la única manera de obtener éxito, pero estoy abierto a tus sugerencias. Lo que sí te puedo asegurar es que trabajar y hacer frente a las situaciones incomodas conduce inevitablemente al éxito.

Actuar es fundamental. Si solo hablas de lo que vas a hacer, pero no actúas, lo más probable es que no consigas nada. Incluso puede hacerte daño. Incluso el dialogo interno positivo y las afirmaciones positivas pueden hacer daño. Si solo hablas, pero luego evitas desafíos, o evitas constantemente experiencias difíciles, y no te das el permiso para fallar, puedes crear una espiral descendente para tu autoestima, lo cual afectará a tu éxito y a tu bienestar. Solo hablar, y no hacer, envía un mensaje a ti mismo que dice **«Mi palabra no vale nada, así que yo no valgo nada»,** y esto definitivamente afectará tu autoestima. Así que ACTÚA, no te limites a hablar.

La **segunda clave** es VISUALIZAR tu éxito. Stephen Kosselyn descubrió que tanto si miras tu mano como si te la imaginas, visualizándola, en tu cerebro se están activando exactamente las mismas neuronas. Esto significa que, **para tu** cerebro, ¡no hay diferencia! Es increíble, ¿verdad? Sin embargo, lo cierto es que se trata de algo que los gurús de la autoayuda venían defendiendo hacía tiempo. Ahora está científicamente probado y, SÍ, lo diré una vez más: **para nuestro cerebro no hay diferencia entre la imaginado y lo real.**

Los atletas utilizan la visualización, los vendedores la utilizan ... ¡Pues también tú puedes servirte de ella! Si visualizas tu éxito estás mostrando a tu mente que es real, y por tanto posible, la estás enseñando a creer en ello. Yo, personalmente, cuando practico la visualización solo visualizo el resultado, el objetivo que deseo alcanzar, dejando el resto de los detalles al destino, a Dios, al universo, a la vida, o como quieras llamarlo. No obstante, hay algunas interesantes investigaciones sobre este tema que dan qué pensar al respecto.

Shelley Taylor, de la UCLA, realizó un revelador estudio. Seleccionó aleatoriamente dos grupos de estudiantes. El grupo 1 debía visualizar una y otra vez que obtenía un sobresaliente en un examen. El grupo 2 se imaginaba a sí mismo obteniendo un sobresaliente en el examen, pero también se veían estudiando duramente en la biblioteca, preparándose para el examen. En este experimento el segundo grupo fue mucho más exitoso. Por cierto, mientras escribo esto estoy pensando que tal vez debería cambiar mi técnica de visualización...

Por último, recuerda que el **pensamiento impulsa la emoción.** Si quieres cambiar tus emociones, tienes que cambiar tus pensamientos.

SITUACIÓN → EVALUACIÓN (pensamiento) →
EMOCIÓN → ACCIÓN

Muchas veces, cuando evaluamos una situación, distorsionamos la realidad y tenemos pensamientos irracionales.

Hay tres trampas de pensamiento irracional a las que deberíamos prestan atención y corregir en cuanto surgen:

1. **Ampliación (supergeneralización).** Por ejemplo: fallas un examen y por eso piensas que eres tonto. Una persona te dice que no, y piensas que nadie te quiere a ti o a tu producto. Tienes una mala experiencia el martes por la tarde a las 14:00 y crees que tuviste una semana terrible.

2. **Minimización (visión de túnel).** Esto sucede, por ejemplo, cuando te centras en la persona que está dormida en tu presentación y no en los 200 que están muy interesados. Te concentras en un comentario crítico y no en las diez personas que te alabaron. Si te enredas en estos pensamientos irracionales sal de la visión de túnel y amplía el objetivo: tendrás una mejor visión de conjunto.

3. **Fabricación (inventar explicaciones).** Por desgracia, esto a menudo sucede con las personas maltratadas. Ellos piensan que es culpa suya, porque no se han comportado adecuadamente. ¡Obviamente NO ES ASÍ! Otro ejemplo sería fallar un examen y culpar a tu novia o novio por ello. Esto también es una tontería.

Las siguientes preguntas pueden ayudarte cuando te enfrentas a pensamientos irracionales:

- ☑ ¿Está mi conclusión ligada a la realidad?
- ☑ ¿Es racional?
- ☑ ¿Estoy ignorando algo importante?
- ☑ ¿Qué evidencia importante todavía tengo que tomar en consideración?
- ☑ ¿Qué estoy magnificando?

☑ ¿Qué estoy minimizando?
☑ ¿Estoy ignorando algo que funciona?
☑ ¿Estoy ignorando algo que no funciona?
☑ ¿Cuál es el panorama general?

Como siempre, todo se reduce a la elección. Según lo que hagamos con nuestras creencias podemos crear una espiral ascendente o descendente. Depende de nosotros.

3

EL PODER DEL *FOCUS*

Como ya he avanzado antes, uno de los influjos más decisivos en tu felicidad diaria es tu **enfoque,** o sea dónde pones tu foco. Puedes «reeducar» tu cerebro para que aprenda a descubrir más cosas buenas de la vida. Haciendo esto verás más oportunidades, más posibilidades, sentirás más energía y, por último, tendrás más éxito.

¿Dónde está tu foco? ¿En qué te concentras? ¿En el pasado o en el presente? ¿En los problemas o en las soluciones? ¿Celebras tus éxitos o los das por sentados? ¿Cómo ves el fracaso, como un desastre o como una oportunidad para crecer o una experiencia de aprendizaje? Todo depende de dónde pongas su atención.

¿Te resulta familiar algo de esto? Estás embarazada y, de repente, no dejas de ver mujeres embarazadas por todas partes. Tienes una escaloya en una pierna y parece que todo el mundo ha decidido ir escayolado. Estás pensando en comprarte un coche nuevo y, cuando por fin te has decidido por un modelo concreto, parece que todo el mundo lo tiene. Escuchas una canción una vez y, a partir de ese momento, no dejas de oírla sonar en todas las emisoras de radio. Te compras ropa nueva y parece que todos han decidido comprarse el mismo modelito. **Cuando estamos buscando algo lo vemos en todas partes.** Así es como funciona el enfoque. **Una vez que tu foco está centrado en un objetivo concreto, empiezas a verlo por todas partes.** Esto es genial cuando te centras en lo positivo, en las oportunidades, en las cosas que te hacen feliz, pero no tan genial cuando te centras en las preocupaciones, los problemas y la tristeza.

Dos personas pueden hallarse en la misma situación y ver realmente cosas diferentes, dependiendo de lo que esperan ver. No solo es que sus interpretaciones del acontecimiento sean distintas, sino que en realidad sus campos visuales han percibido cosas diferentes[1].

Ed Diener describe así el poder del enfoque: «La manera en que percibimos el mundo es mucho más importante para la felicidad que las circunstancias objetivas. No es lo externo lo que importa, sino lo interno. Depende de nuestro estado de ánimo: en qué ELEGIMOS centrarnos».

Al final, la forma en que experimentamos nuestra vida es una cuestión de interpretación, una cuestión de elección, y esa elección depende de nosotros.

Cuando nos quejamos de la vida, de lo mal que nos van las cosas, a menudo no nos damos cuenta de que

---

[1] Massad, C. M.; Hubbard, M., y Newtson, D. (1979), «Selective perception of events», *Journal of Experimental Social Psychology,* 15 (6), pp. 513-532.

nosotros mismos estamos creando esa realidad. Nos imaginamos lo peor y, a continuación, el efecto Pigmalión entra en acción y nuestras creencias se convierten en profecías que se autocumplen; o nos enfocamos en todo lo que no funciona y acto seguido no dejamos de ver cosas que no están funcionado. Parece como si lo estuviéramos atrayendo.

Y, así, **CREAMOS NUESTRA PROPIA REALIDAD.**

Las preguntas que haces determinan tu realidad porque cambian la forma en que percibes la realidad. Transformas tu realidad cambiando tu manera de enfocar lo que está funcionando y haciendo nuevas preguntas. Estas nuevas preguntas crearán una nueva realidad para ti.

En los cursos que imparte en Harvard, Tal Ben-Shahar distingue básicamente dos tipos de personas. Por un lado está el «buscador de beneficios», cuyo foco está siempre puesto en lo que funciona, siempre mirando el lado positivo de la vida, haciendo limonada con limones, encontrando el milagro en lo común y respetando la realidad. El buscador de beneficios sabe que a veces no somos responsables de las cosas que suceden, pero somos responsables de cómo lidiamos con lo que nos sucede. Dicho de manera simple: la mierda pasa, pero depende de nosotros lo que hacemos con la experiencia. Por otro lado está el «buscador de fallos», centrado en lo que no funciona, en las cosas que no van bien, en los problemas. Los buscadores de fallos se quejan constantemente y encuentran fallos incluso en el paraíso. Esto es muy peligroso porque puede conducir a la resignación. No se dan cuenta de que están creando esa realidad. Piensan que la terrible realidad está ahí fuera y que son víctimas de las circunstancias. Así que, básicamente, se sienten miserables la mayor parte del tiempo. No importa qué trabajo encuentren, siempre tienen un jefe horrible. No

importa qué parejas tienen, siempre son egoístas y descon-
sideradas. No importa a qué restaurante van, el servicio es
siempre espantoso. Y cuando el servicio es estupendo, la
comida es un asco. Siempre hay algo, un pero. Ellos aceptan esta realidad como algo que viene dado, sin que puedan
hacer nada para cambiarlo, y **su existencia se convierte en
una profecía muy dolorosa que se autocumple.**

La buena noticia es que todos podemos aprender a
convertirnos en «buscadores de beneficios» entrenando a
nuestros cerebros para centrarse en lo positivo, aprendiendo a interpretar las cosas con optimismo. Como Tal Ben-
Shahar siempre dice: «**Las cosas no siempre ocurren para
mejor, pero algunas personas son capaces de sacar lo
mejor de las cosas que les ocurren**». Sí. Hay algunas personas que aceptan la situación y luego son capaces de extraer
lo mejor de ella. Conviértete en una de estas personas. Un
buscador de beneficios siempre dice: «Esto también pasará»; «Voy a estar bien otra vez, como antes, como siempre»;
«Ya viví algo parecido y salió bien». El buscador de beneficios acepta la realidad como es, saca el mejor partido de ella
y, por lo tanto, cosecha todos los beneficios de este enfoque: sentirse mejor, ser más feliz a largo plazo, experimentar estados de ánimo más positivos y ser menos propenso a
la ansiedad.

BENEFICIOS PARA LA SALUD

Ser un buscador de beneficios también es más saludable
para ti. Glen Affleck estudiaba a las personas que tenían
un ataque al corazón. Algunos de los pacientes interpreta-
ron sus problemas de salud como una catástrofe, o como
el fin del mundo, mientras que los buscadores de beneficios lo vieron como una llamada de atención, como una

señal para cuidarse mejor y revisar sus valores personales. **El segundo grupo tenía más probabilidades de sobrevivir y menos probabilidades de tener un segundo ataque del corazón.**

Otro estudio sobre pacientes con sida descubrió que aquellos que encontraron beneficios en su situación, como por ejemplo apreciar las cosas más, centrarse en las cosas que realmente importan o acercarse a ciertas personas, tenían más probabilidades de sobrevivir.

El estudio más famoso sobre los beneficios del optimismo para la salud es el «Estudio de las monjas», al que ya me referí antes, una de cuyas conclusiones más destacadas fue que **la alegría prolonga nuestra vida.**

Las 678 religiosas que participaban en el estudio tenían una media de 83 años (75 la más joven y 102 la más anciana) en 1986 —año en que se inició el estudio— y habían ingresado en el convento en torno a los 22 años (edad promedio), es decir, llevaban viviendo en la comunidad unos 61 años. Al profesar, las religiosas debían redactar una especie de autobiografía o diario, material que resultó sumamente revelador por el amplio espacio de tiempo que abarcaban estos escritos, ya que las primeras anotaciones se remontaban a 1925-1930. Al analizar estos textos, y ponerlos en relación con la edad de sus autoras, los investigadores descubrieron de que **solo había un predictor para la longevidad: los sentimientos positivos.**

Tras examinar los escritos, los investigadores los clasificaron en cuatro categorías: más positivo, menos positivo y dos categorías intermedias.

Con 85 años, el 90 % de la categoría más positiva, y solo el 34 % de la categoría menos positiva, seguían vivas. Con 90 años, el 54 % de la categoría más positiva y solo el 11 % de la categoría menos positiva se mantenían vivas. Cuidado ahora. Eso no significa que no haya buscadores de fallos que vivan mucho tiempo, ni que no haya buscadores de beneficios que mueran antes. Pero, por término medio, los buscadores de beneficios, los optimistas, viven más tiempo.

¿POR QUÉ NO TODOS SOMOS OPTIMISTAS?

Tenemos una gran cantidad de pruebas de que el optimismo te hace más feliz y saludable. Así que nos podríamos preguntar: si el optimismo tiene tantos beneficios, **¿por qué no todos son optimistas? ¿Por qué nadie nos enseña a ser más optimistas? ¿Por qué nadie nos habla en primer lugar de los beneficios del optimismo? ¿Por qué se tiende a considerar que los optimistas están algo chalados y alejados de la realidad?**

Una razón para ello son los medios de comunicación, que no dejan de machacarnos con noticias impregnadas de odio, derramamiento de sangre, infelicidad, terrorismo, corrupción, fraude. ¿Cómo puedes ser positivo en un mundo como este? Lo que la mayoría de nosotros olvidamos es que los medios no informan de la realidad como es, sino de lo que se sale de lo habitual: para que algo «salga en las noticias», como se dice, realmente tiene que ser «muy sonado». Si no «suena», no sale; de ahí su inclinación hacia lo negativo, que suele ser lo que más «ruido» mete. Las noticias realmente nos hacen pesimistas al magnificar lo negativo. Nos muestran terror, cuando miles de millones de personas quieren vivir en paz. Nos muestran fraude, cuando hay miles de millones de transacciones honestas que suceden todos los días. Se nos muestra al padre que abusa de su hija, cuando hay millones de padres que aman a sus hijos más allá de toda medida.

El problema con todo eso es que si nuestro enfoque es dirigido hacia lo negativo todo el tiempo, si escuchamos y vemos esto de continuo, vamos a terminar viendo más de lo mismo, como las embarazadas solo ven embarazadas y los escayolados solo ven escayolados. Y entonces empezamos a creer que tenemos que cometer fraude para ser director ejecutivo, o que tenemos que ser corruptos si queremos ser políticos. ¿Por qué? Porque los miles y miles de directores o políticos que lo están siendo desde la honradez no salen en las noticias.

No quiero que ignores lo negativo, sino que te concentres en lo positivo. Pues sí. Yo apagué la «caja tonta» hace mucho, mucho tiempo. Inténtalo. Es genial. Y no te preocupes, no te volverás ignorante o desapegado de la realidad cuando dejes de ver la televisión. En realidad, el buscador de fallos está lejos de la realidad, porque hay mucho más bien que mal en el mundo.

¿Necesitas una razón más? Aquí va. Un estudio reciente de Gielan, Huffington y Achor ha descubierto que las personas que están expuestas a tres minutos de noticias negativas a primera hora de la mañana se muestran un 27 % más predispuestas a decir que han tenido un mal día de seis a ocho horas después[2]. ¡Apaga la caja tonta y céntrate en lo positivo! Es importante, no solo porque es más saludable, sino porque **EL FOCO CREA REALIDAD.**

Lo mismo ocurre con tu diálogo interior. Muchas personas mantienen en su mente una constante cháchara negativa. Ya sabes, el típico «¿Por qué no hice esto, por qué no hice lo otro?», «¿Qué pasa si esto va mal?», «¿Y si no me quieren?». Estamos constantemente ensayando el drama en nuestras vidas. ¿Por qué? Puestos a elegir, ¿por qué negativa y no positiva? Porque todo lo que nos rodea se centra en lo negativo. No te preocupes. Se puede arreglar. Lo arreglas

---

[2] Amy Blankson, *The Future of Happiness,* p. 175.

reeducando a tu cerebro para que aprenda a descubrir más aspectos positivos. Y **el mejor ejercicio** para conseguirlo es la gratitud. Si estás agradecido por las cosas que tienes, más cosas para agradecer entrarán en tu vida.

Y sí, siempre hay algo por lo que puedes estar agradecido. Créeme. Incluso pacientes con cáncer y pacientes con sida encontraron mucho que agradecerle a la vida. Cuando los enfermos terminales fueron entrevistados dijeron cosas como «Por primera vez en mi vida siento que estoy vivo» o «Por primera vez en mi vida aprecio…».

El poder de la gratitud

Es un poco triste que muchas veces las cosas tengan que ponerse muy, muy mal, antes de que apreciemos lo que tenemos. Incluso a veces es demasiado tarde, y empezamos a apreciar algo o a alguien cuando ya no está. No tiene por qué ser así si aprendemos a hacer de la gratitud una forma de vida. Si tuviera que nombrar al principal responsable de mi éxito, o de que mi vida sea mucho más feliz que hace algunos años, sería sin duda este: **la gratitud**.

Muchas veces, sencillamente, no expresamos de forma suficiente nuestra gratitud. Pero eso se puede practicar. Significa hacerlo una y otra vez hasta que se convierta en un hábito.

En un estudio realizado por Robert Emmons y Michael McCullough, de la UC Davis, las personas que cada noche, antes de acostarse, anotaron cinco cosas por las que estaban agradecidos eran más optimistas, más felices, más sanas, más generosas, más benevolentes y mucho más propensas a lograr sus objetivos.

Cultivas la gratitud haciéndolo todo el tiempo. Anota tanto las cosas importantes como las pequeñas cosas por las que te sientes agradecido. Cuando empecé a apuntar todas las noches tres o cinco cosas por las que estoy agradecido, el 11 de noviembre de 2013, estando desempleado, empecé por las pequeñas cosas:

- ☑ Estoy agradecido por el café con leche que tomé en la playa.
- ☑ Estoy agradecido por haber trabajado bien hoy.
- ☑ Estoy agradecido por el buen almuerzo que tuve con un amigo.
- ☑ Estoy agradecido por una buena presentación a la que asistí.
- ☑ Estoy agradecido por este día soleado.
- etc.

Para luego pasar a las grandes:

- ☑ Estoy agradecido por estar vivo.
- ☑ Estoy agradecido por mi familia.
- ☑ Estoy agradecido por mis amigos.

Es importante que experimentes la gratitud, que no lo hagas mecánicamente. Siente la gratitud con todo tu cuerpo. Recuerda la situación, visualízala, hazlo lo más real posible.

Tal Ben-Shahar considera que es mejor hacerlo una vez a la semana, con plena conciencia, que hacerlo todos los días de forma automática y sin preocuparse por ello. Lo importante es la intensidad de la emoción.

Personalmente, además de apuntar diariamente las tres cosas diarias por las que estoy agradecido, también tengo una «lista de gratitud» donde escribo todo por lo que estoy agradecido en mi vida, y te recomiendo que también la tengas. Debería ser una larga lista. Para mí incluye lugares que visité, personas, ciudades, países, vacaciones, cosas. Si lees esta lista una vez al día —mejor por la mañana— y añades cosas con frecuencia, el efecto de gratitud se incrementa. Inténtalo. Eso marca toda la diferencia. Imagina cómo comenzarás cada día si lees tu lista de gratitud a primera hora de la mañana. Además, dicen que tu forma de empezar el día determina el resto de la jornada.

Este ejercicio es realmente la bomba, muy, muy eficaz. Después de un tiempo haciéndolo empiezas a notar sus efectos. Es tan poderoso porque conforma tu realidad, enfocándote en todo aquello que puedes agradecer en tu vida.

Si practicas la gratitud durante algunas semanas serás más feliz, más optimista, estarás más conectado socialmente, tendrás una mejor calidad de sueño y menos dolores de cabeza. Tendrás más energía, más inteligencia emocional, será más fácil para ti perdonar, y será mucho menos probable estar deprimido, ansioso o solitario. En el curso que impartí en la Geneva Business School, uno de los deberes que propuse a los estudiantes era anotar tres cosas que agradecían todos los días. Vi exactamente estos beneficios mencionados anteriormente al leer sus deberes cada semana.

Podrías decir: «Por supuesto. Estas personas estarán agradecidas porque son más felices». Pero es al revés: se ha demostrado que la gratitud es una causa significativa de resultados positivos[3].

Sé que puede ser muy difícil estar agradecido cuando atraviesas por dificultades y la vida no te va demasiado

---

[3] Emmons, R. A. (2007), *Thanks! How the new Science of Gratitude Can Make You Happier.* Nueva York: Houghton Mifflin.

bien, pero, créeme: siempre hay algo por lo que puedes estar agradecido. Lo más básico, lo más primordial: estás respirando, estás vivo, hay alguien que te cuida, alguien que te quiere. Comienza por esto. Valdrá la pena.

CONCÉNTRATE EN LO POSITIVO

Cuanto más te centres en la felicidad, en la gratitud, en el optimismo, mejor percibirás todas las cosas positivas que te rodean y mejor te sentirás.

Pero hay más. A medida que tu cerebro sea más capaz de captar lo positivo, más esperarás que esta tendencia continúe, lo que hará que seas más optimista. Estás creando una profecía que se autocumple y una espiral ascendente.

El optimismo es también uno de los predictores más poderosos del rendimiento laboral. Los optimistas se fijan más y más elevadas metas y también ponen más esfuerzo en alcanzarlas. Se mantienen más comprometidos ante la dificultad y superan los obstáculos con mayor facilidad. Se enfrentan mejor a las situaciones de alto estrés y el hecho de que esperen resultados positivos hace más posible que estos surjan.

¿POR QUÉ ALGUNOS SIEMPRE TIENEN SUERTE?

Richard Wiseman planteó la pregunta de las preguntas: «¿Por qué algunos parecen tener suerte constantemente, mientras que otros no?

Añade: «**En la ciencia no existe eso llamado suerte.** La única diferencia está en las personas que piensan que tienen suerte y las que piensan que no la tienen, si esperan que les sucedan cosas buenas o cosas malas». Vaya. Antes de que me maldigas por decir «semejante tontería» lee el próximo párrafo.

Wiseman hizo precisamente un estudio sobre el tema. Los sujetos del experimento debían leer un periódico y contar cuántas fotos había en él. Aquellos que decían tener suerte tardaban apenas unos segundos, mientras que los que se consideraban desafortunados tardaban un promedio de dos minutos. ¿Por qué? Porque en la segunda página del periódico un anuncio muy grande decía «Deja de contar. Hay 43 fotos en este periódico».

La respuesta al reto planteado por el investigador estaba clara como el día, pero las personas que consideraban tener mala suerte eran mucho más propensos a no verlo, mientras que los que se sentían afortunados tendían a verlo enseguida.

Pero Wiseman no se detuvo allí. A la mitad del periódico había otro anuncio que decía: «Deja de contar y dile al investigador que has visto este mensaje: ganarás 250 dólares». Una vez más, los sujetos que decían tener mala suerte en la vida no vieron esta oportunidad: estancados en el enfoque negativo, eran incapaces de ver lo que era claro para los demás y su rendimiento y sus carteras sufrían por ello[4].

Otro estudio determinó que el 69% de las decisiones sobre la carrera profesional que adoptan estudiantes de secundaria y universitarios dependen de encuentros fortuitos[5].

---

[4] R. Wiseman (2003), «The luck factor», *The Skeptical Inquirer*, 27, pp. 1-5.

[5] Bright, J. E.; Pryor, R. G. L., y Harpham, L. (2005). «The role of chance events in career decision making». *Journal of Vocational Behavior*, 66, pp. 561-576.

Como vimos en el estudio anterior, aprovechar estos acontecimientos no es puramente una cuestión de enfoque. **Cuando estamos atrapados en la negatividad nuestro cerebro es literalmente incapaz de ver estas oportunidades.** Si somos positivos, nuestro cerebro permanece abierto para ver estas oportunidades y para aprovecharlas.

Lo asombroso es que si esperamos un resultado favorable nuestro cerebro está programado para ver el resultado cuando realmente se presenta.

ENTRENA TU CEREBRO PARA ENFOCARLO EN LO POSITIVO

Te propongo dos ejercicios muy sencillos para que entrenes a tu cerebro para que se centre en lo positivo y, como resultado de ello, descubra más oportunidades:

❶ Apunta diariamente en una lista todas las cosas buenas que te han sucedido en tu trabajo, en tu carrera y en tu vida.

❷ Por la noche, recuerda y anota tres cosas buenas que te han pasado ese día y revívelas en tu mente.

No te dejes engañar por la simplicidad de estos ejercicios. Son muy poderosos. Los considero en gran parte responsables de mi éxito y de permitirme descubrir ahora nuevas oportunidades en todas partes.

Si lo haces solo CINCO MINUTOS al día estás entrenando a tu cerebro para mejorar su capacidad de descubrir posibilidades de crecimiento personal y profesional, centrarse en ellas y actuar para alcanzarlas. Simultáneamente se produce un importante efecto secundario: tu cerebro solo puede concentrarse en una determinada cantidad de información, de modo que, al tiempo que lo llenas de datos positivos, empuja hacia fuera esas pequeñas cosas que te molestan y también las frustraciones que solían estar en el fondo de tu mente.

Haciendo este ejercicio solo durante una semana serás más feliz y estarás menos deprimido después de 1, 3 y 6 meses. Incluso después de dejar de hacer el ejercicio permanecerás significativamente más feliz y más optimista. Te recomiendo encarecidamente que sigas haciendo este ejercicio, ya que hará milagros en ti. Mejorarás cada vez más al escanear el mundo en busca de cosas buenas y, al descubrirlas, y verás más y más oportunidades —sin siquiera intentarlo—, mires donde mires[6].

No es necesario que tus anotaciones sean elaboradas, complejas ni profundas. Cuanto más específicas mejor; de hecho, muchas veces son las cosas simples —como la sonrisa de un niño, una comida deliciosa, reconocimiento en el trabajo, un momento en la naturaleza, etc.—, lo que te hacen más feliz.

Conviértelo en un hábito. Ritualízalo. Hazlo diariamente a la misma hora. Mantén lo que necesitas fácilmente disponible. Por ejemplo, un diario y un bolígrafo en tu mesita de noche. Es muy divertido hacer este ejercicio con niños y cónyuges. Si lo combinas con el ejercicio de la gratitud, mencionado antes en este capítulo, tus resultados mejorarán aun más.

¿Estarás ciego para los problemas reales si solo te enfocas en lo bueno?

Esta es una pregunta que surge a menudo. Es algo que tienes que averiguar por ti mismo. Mi sugerencia es: deja

---

[6] Seligmann, M. E. P.; Steen, T. A.; Park, N., y Peterson, C. (2005). «Positive psychology progress: Empirical validation of interventions». *American Psychologist,* 60, pp. 410-421.

que los problemas realmente grandes entren en tu campo de visión, pero sigue manteniendo tu foco en gran medida en lo positivo. No puedo negar que hay momentos en los que es bueno ser pesimista. El pesimismo puede, por ejemplo, impedir que hagamos una inversión tonta, o que cometamos una torpeza en nuestro trabajo, o que juguemos con nuestra salud. Por este motivo tenemos que desarrollar un sentido realista, sano y razonable de optimismo, pero sobre todo dar siempre prioridad a lo bueno.

4

EL PODER DE LA ELECCIÓN

Este es tu increíble poder. El libre albedrío y el poder de elección. Incluso si no siempre puedes controlar las cosas que te suceden, siempre puedes controlar cómo te afectarán y cómo reaccionarás ante ellas.

ELIGE TUS PENSAMIENTOS

En primer lugar, se trata de elegir los pensamientos correctos. James Allen dijo: «Estás hoy donde tus pensamientos te han traído; estarás mañana donde tus pensamientos te lleven». Tus pensamientos crean tu realidad. Realmente puedes mejorar tu vida mejorando tus pensamientos.

¿Cómo se hace? Justo como James Allen dijo: observa tus pensamientos de vez en cuando. Controlando tus pensamientos, en última instancia controlas tu vida y tu destino.

Sé que suena cursi, y tal vez más fácil de lo que realmente es, pero lo diré de todos modos: **¡piensa en positivo!** Una persona que piensa en positivo no es un soñador, que piensa que no hay problemas en la vida. Quien piensa en positivo no ignora que en la vida puede haber problemas, pero considera que son oportunidades para crecer y sabe que solo tienen el significado que se les da. El pensamiento positivo es ver la realidad como es, aceptarla y sacarle el mejor partido. Va muy vinculado al tema del foco que hemos comentado en el capitulo anterior.

Entrena tu mente para concentrarse mayormente en pensamientos positivos, creativos e inspiradores. Recuerda lo que hace el poder del enfoque. Si entrenas tu mente durante un tiempo, verás que las circunstancias de tu vida también cambian.

Eres el creador de tus pensamientos, pero no eres tu pensamiento. Tus pensamientos son energía y la energía sigue al pensamiento. Los pensamientos crean emociones, que provocan comportamientos, que generan acciones, y esas acciones tienen consecuencias en tu vida cotidiana. Practica un pensamiento con la suficiente frecuencia para que se convierta en una creencia, y tu comportamiento y tus acciones le seguirán.

PENSAMIENTO → EMOCIÓN →
COMPORTAMIENTO → ACCIÓN

Por ejemplo, si te preocupas constantemente por no tener suficiente dinero, crearás comportamientos basados en el miedo. No asumirás riesgos. Intentarás aferrarte al dinero que tienes en lugar de actuar para ganar.

Tus pensamientos dependen de tus creencias sobre la vida. Si no te gusta lo que estás recibiendo, observa lo que estás enviando. Recuerda que todo lo que tienes en tu vida —o al menos la gran mayoría— ha sido creado por tus pensamientos, expectativas y creencias. ¡Analízalos! Si cambias tus creencias, obtendrás nuevos resultados. Por supuesto que hay cosas horribles en la vida que no son creación tuya, como por ejemplo haber sido víctima de algún tipo de abuso o haber sufrido la pérdida de un ser querido. SIN EMBARGO, aun así puedes ELEGIR cómo te afectarán estos terribles acontecimientos. Te garantizo que encontrarás gente que pasó por situaciones trágicas similares —o incluso peores— y aun así prosperó. Toma a esas personas como modelos a seguir.

ELIGE TUS EMOCIONES

Una emoción es energía en movimiento, es la reacción física a un pensamiento. ¿Quién es responsable de cómo te sientes? ¡TÚ! Tus emociones proceden de sus pensamientos y el control de tus pensamientos lo tienes tú. Si puedes controlar tus pensamientos, también eres capaz de controlar tus emociones. La clave es ser consciente de que son los pensamientos los que causan tus emociones.

No tengas miedo de tus emociones. Forman parte de ti, pero no son TÚ. Acéptalas. Son parte de la naturaleza humana y cada emoción tiene su función. El miedo te protege. La ira te permite defenderte, poner límites y mostrar a los demás lo que te molesta. La tristeza te permite llorar e identificar una carencia. Conecta con tus emociones, aprende a expresarlas y no las reprimas. No te engañes diciendo «estoy feliz» si no lo estás. Analiza de dónde procede cada emoción. No te identifiques con la emoción. Repito: tú no eres tus emociones.

Conviértete en un observador y mira dónde te conducen tus emociones.

Obsérvelas y míralas pasar como las nubes en un cielo azul. Acéptalas como aceptas los días lluviosos. Cuando miras por la ventana y llueve no piensas que va a llover siempre, ¿verdad? Aceptas la lluvia como parte del tiempo meteorológico, de la climatología; que hoy llueva no significa que vaya a llover todo el tiempo.

Puedes hacer lo mismo con la ira, la tristeza, el miedo, etc. Solo porque aparecen en un momento en el tiempo no significa que vayan a estar ahí para siempre. Recuerda: las emociones no son malas ni buenas. Simplemente son. A veces te puede ayudar escribir sobre ellas para sacarlas de tu mente. Escribe una carta rabiosa a la persona que te ha hecho daño. El simple hecho de escribir esa carta te ayudará a desahogarte un poco. Sin embargo, te recomiendo que no la envíes. Yo, por ejemplo, escribo mis *emails* «rabiosos» y luego los dejo «descansar» durante un día. Al día siguiente los leo y, si todavía conecto con ellos, los envío… En el 99% de los casos van a la basura.

Las emociones son mensajeros que podemos sentir en nuestro cuerpo. ¡Escúchalos! Si estás enganchado a una emoción, estás enganchado al pasado y estás perdiéndote el momento presente. Pregúntate qué es lo que realmente necesitas y luego deja de buscar en el exterior y empieza a buscar dentro de ti.

La habilidad para percibir, usar, entender y manejar las emociones también se llama «gestionar nuestras emociones». Entonces, ¿cómo funciona? ¿Y con quién? Puedes usar esta habilidad contigo mismo o con otros y funciona en cuatro pasos:

1. Percibir y expresar emociones (**permítete sentirlas**).
2. Intentar transformar las emociones negativas en otras más positivas o constructivas (**¿puedo sentir una emoción diferente?**).
3. Comprensión (**¿por qué tengo esta emoción?**).
4. Ajuste emocional (**ahora sé por qué he sentido la emoción…**).

El primer paso para una buena gestión de tus emociones es identificarlas y explorarlas, lo que significa permitirte expresarlas y luego analizar el problema que las provocó.

Conéctate con la emoción y habla con ella: respira, relájate y revive la situación.

Una vez más, todo es una cuestión de actitud (aceptación o rechazo). ¡TÚ ELIGES!

¿Qué ventajas tiene la gestión de emociones?:

☑ Te recuperas mejor y más rápido de los problemas y contratiempos.

☑ Logras un desempeño profesional mejor y más consistente.

☑ Eres capaz de evitar que esas tensiones se acumulen y que destruyan tus relaciones.

☑ Gestionas mejor tus impulsos y emociones conflictivas.

☑ Te mantienes equilibrado y sereno incluso en momentos críticos.

ELIGE ASUMIR LA RESPONSABILIDAD PLENA DE TU VIDA

Sigmund Freud dijo: «La mayoría de la gente realmente no quiere libertad, porque la libertad implica responsabilidad, y la mayoría de la gente tiene miedo de la responsabilidad».

Tengo malas noticias para ti: NADIE VENDRÁ A SAL
VARTE. Ningún millonario, ningún cura, ni siquiera la
lotería.

Solo hay una persona responsable de la felicidad de tu
vida y eres ¡TÚ!

Ni tu jefe, ni tu pareja, ni tus padres, ni tus amigos, ni
tus clientes, ni la economía, ni el Gobierno, ni el tiempo.
¡TÚ!

Así es. Y ahora, con todas las cartas por fin sobre la
mesa, te voy a dar la **buena noticia.**

El día en que dejamos de culpar a los demás por todo
lo que sucede en nuestra vida y aceptamos toda la responsabilidad sobre ella y lo que nos sucede, todo cambia. Asumir la responsabilidad de tu vida es hacerte cargo de ella y
convertirte en el protagonista de la misma. Dejas de ser una
víctima de las circunstancias y empiezas a crear tus propias
circunstancias, o por lo menos consigues el poder de decidir cómo vas a actuar ante las circunstancias que la vida te
presenta.

Más buenas noticias: no importa lo que te pasa en la
vida; lo que importa es la actitud que adoptas.

Y la actitud que adoptas es elección tuya. Si ahora
estás atravesando un mal momento, te apuesto a que hay
cientos o miles de personas en todo el mundo que han
estado en esta situación y la han superado. Eso significa
que tú también puedes hacerlo. Mira cómo lo han hecho y
aprende de ellos.

Si culpas a otros de tu situación en la vida, ¿qué tendría
que pasar para que tu vida mejorase? Que todos los otros
tendrían que cambiar. Y esto no va a pasar, te lo aseguro.
Por otro lado, si eres el protagonista de tu vida, tienes el
poder de cambiar las cosas que no te gustan de ella; de
hecho, lo que sucede muchas veces es que si tú cambias,
todo lo que te rodea empieza a cambiar también.

Recuerda que eres tú quien controla tus pensamientos, acciones y sentimientos. Tienes el control de tus palabras, de la series que decides ver en la televisión y de elegir las personas con quienes pasas su tiempo. Deja de reaccionar ante los demás y empieza a responder. La reacción es automática. Responder es elegir conscientemente tu respuesta. Si no te gustan los resultados, cambia tu *input*, tus pensamientos, emociones y expectativas.

Examinemos un poco más de cerca dos comportamientos arquetípicos: el de víctima y el de protagonista:

Las **víctimas** piensan que lo que les sucede depende de factores externos, se sienten impotentes porque creen que la vida les sucede, como si «pasara» sobre ellos, y no pueden cambiar nada. Su enfoque es principalmente externalizador y se centran en excusas como crisis, la edad, en que «no es un buen momento», etc. Las víctimas se concentran en los problemas y la mayoría de las veces consideran que estos son culpa otros, porque la víctima siempre tiene razón. Las víctimas sienten que la vida es injusta con ellos y que todo en ella es solo una cuestión de suerte sobre la que no se puede influir. Cada cosa negativa que sucede en la vida de una víctima es culpa de otros, la víctima solo reacciona, siempre es inocente y constantemente culpa a los demás de su situación vital. Utiliza el pasado como justificación, poniendo su esperanza siempre en un futuro que milagrosamente traerá soluciones a los problemas o un cambio en los demás, los que le están causando los problemas.

Por otro lado tienes al **protagonista**, la persona que asume toda la responsabilidad de su vida. Los protagonistas no esperan a que llegue el cambio, lo inician. Las personas de este grupo son plenamente conscientes de que la vida sucede, pero aun así son libres para elegir su comportamiento en cualquier circunstancia. Su enfoque está siempre dentro de ellos, es interno. Se ven a sí mismos con opciones y con poder de elección, y saben que el éxito solo depende de ellos. Por ejemplo, si son infelices en su trabajo, en vez de quejarse empiezan a buscar alternativas. Siempre están centrados en soluciones, entienden plenamente que tienen que actuar cuando controlan la situación y aceptar situaciones sobre las que no tienen control. Los protagonistas no creen en la suerte, creen en el trabajo. Crean su propia suerte centrándose en las oportunidades, creándolas si es necesario, siendo siempre responsables de todo lo que sucede en su vida. Los protagonistas saben que son responsables de su vida y eligen un comportamiento adecuado. Utilizan el pasado como experiencia valiosa de la cual pueden aprender, viven en el presente, donde ven constantes oportunidades de cambio, deciden y van en pos de sus futuras metas. Saben que si no formas parte del problema, tampoco puedes formar parte de la solución.

Si crees que el problema que te afecta tiene una causa externa, sobre la que no tienes influencia, la solución también estará en el exterior y tampoco tendrás influencia sobre ella. En ese caso estás indefenso. Tendrás que esperar a que, mágicamente, la solución venga hacia ti del exterior. Por ejemplo, si llegas tarde a trabajar debido al «tráfico», ¿qué tiene que cambiar para que puedas llegar a trabajar a tiempo? El tráfico tendría que desaparecer por arte de magia. Porque mientras haya tráfico, siempre llegarás tarde. Si actúas como protagonista, llegar a tiempo no depende del tráfico: depende de que salgas de tu casa con tiempo suficiente.

Otro ejemplo: llueve mucho y te empapas. Si le preguntas a una víctima: «¿Por qué estás empapado?», te dirán: «Porque llueve». El protagonista respondería: «Porque no llevé mi paraguas». Una vez más: incluso si no tienes control sobre los estímulos que el entorno te envía continuamente, tienes la libertad de elegir tu comportamiento frente a la situación. Esto nos lleva a la pregunta más importante: **¿Quién elegirías ser —a través de tus actos— cuando la vida te presente estas circunstancias?**

MÁS ELECCIONES...

Tu vida es el resultado de las decisiones que tomaste. ¿Cómo te sientes al leerlo? ¿Es cierto para ti? Es importante que, de ahora en adelante, seas consciente del poder que tienes sobre su vida cuando tomas decisiones. Cada decisión, cada elección, tiene una influencia importante en tu vida. De hecho, tu vida es el resultado directo de las elecciones y decisiones que tomaste en el pasado, y cada elección tiene una consecuencia.

Lo más importante es el hecho de tomar decisiones. Si la decisión es correcta o incorrecta es algo secundario. Pronto recibirás comentarios que te ayudarán a progresar. Una vez que hayas tomado una decisión, respáldala y acepta las consecuencias. Si estabas equivocado, aprende de ello y perdónate, sabiendo que en aquel momento, en el tiempo y con la información que tenías, era la mejor decisión y la más correcta que podías adoptar.

Victor Frankl era un psicólogo judío encarcelado en los campos de concentración nazis durante la Segunda Guerra Mundial. En ellos perdió a toda su familia, excepto a su hermana. Bajo estas terribles circunstancias, se dio cuenta de lo que él llamaba **«la última libertad humana»**, que ni siquiera los carceleros nazis podían arrebatarle: ciertamente allí podían controlar sus circunstancias externas, pero en última instancia era él quien ELEGÍA CÓMO esas circunstancias iban a afectarle.

Se dio cuenta de que entre el ESTÍMULO y la RES-PUESTA había un pequeño espacio de tiempo en el que tenía la libertad de ELEGIR cuál sería su RESPUESTA.

Esto significa que incluso si no puedes controlar las circunstancias que la vida te presenta, siempre puedes elegir cómo hacer frente a esas circunstancias, y ese acto de elegir tiene un impacto enorme en tu vida.

En otras palabras: lo que nos duele no es lo que nos sucede, sino nuestra respuesta a lo que nos sucede. Lo más importante es CÓMO RESPONDEMOS a lo que sucede en nuestras vidas. Y esto, amigo mío, es una elección.

¿Quieres una vida más saludable? Toma mejores decisiones sobre lo que comes y el ejercicio que haces.

¿Quieres tener más éxito? Toma mejores decisiones sobre quién te rodea, lo que lees y lo que ves. ¡No hay excusas!

El hecho de ELEGIR incluso tiene beneficios para tu salud.

En una residencia de ancianos hicieron el siguiente experimento. Dividieron al grupo de muestra en dos subgrupos. El grupo 1 recibió una atención especial por parte del personal de la residencia, que realizaba por ellos todas las tareas que les pedían en cualquier momento. Los del grupo 2, en cambio, no contaban con esta asistencia especial y tenían que hacer sus tareas (como regar sus plantas) por sí mismos; solo si realmente necesitaban algo muy específico podían dirigirse al personal, y aun así muchas veces tenían que conseguirlo por sus propios medios. Al cabo de 18 meses, los miembros del grupo 2, los que actuaron con independencia, tenían menos probabilidades de estar deprimidos. Tenían mejor salud, eran más felices, tenían más energía y... eran un 50% más longevos que los del grupo 1. La única diferencia entre ambos grupos era el hecho de haber ejercido la libre ELECCIÓN.

¿*Deberías* hacer o *eliges* hacerlo?

¿Hay muchas cosas en tu vida que «deberías» hacer, pero nunca haces? La lista suele ser larga: deberías hacer más ejercicio, deberías ir al gimnasio más a menudo, deberías dejar de fumar, deberías comer más saludablemente, deberías pasar más tiempo con tu familia… ¿Cuántos de esos «deberías» hay en tu vida? No te ayudan a llegar a ninguna parte; solo te crean mala conciencia y abren las puertas a la autoflagelación más inútil: «¿Por qué no voy al gimnasio?», «¡Soy un desastre!», «Nunca voy a perder peso», «No soy lo suficientemente bueno».

Haz una lista de todos los «deberías» que drenan tu energía y después… ¡olvídala!

Si el año pasado te marcaste un objetivo y todavía no hiciste nada para alcanzarlo, entonces es mejor olvidarse de él. Si tu objetivo era ir al gimnasio y no has ido durante un año, ¿de que te sirve? Déjalo ir. Con el objetivo también se irá la mala conciencia y el autocastigo por no haberlo logrado. Tira todos sus «deberías» a la sima más honda y establece algunos nuevos objetivos basados en tus propios valores.

Sustituye por un tiempo los «debería» y los «tengo que» por «elijo», «decido», «voy a» y «prefiero», y mira qué pasa. Di cosas como «elijo hacer más ejercicio», «comeré más saludable», «leeré más». Es importante que disfrutes de tus actividades; si no, no las hagas.

Así que saca un folio de papel ahora mismo y escribe la lista de tus «debería». Una vez que la tengas, táchalos todos o rompe la lista completa y prueba a expresar tus objetivos de otro modo, por ejemplo: «elijo» o «decido».

Deja estos hábitos tóxicos

El **primero y más tóxico**, sin lugar a dudas, es **ponerse excusas.** Es muy probable que no estés de acuerdo en muchas cosas con Jordan Belfort, el protagonista de *El lobo de Wall Street*, pero hay una con la que seguramente ha dado en el clavo: «Lo único que se interpone entre ti y tu objetivo es la historia de mierda que te sigues contando a ti mismo sobre por qué no puedes lograrlo». Y, te recuerdo, tú estás **eligiendo** todo el día lo que te cuentas a ti mismo. Tal vez en algunos casos sea una elección subconsciente, pero sigue siendo una elección.

Es perfectamente normal que, una vez que has salido de tu zona de confort, empiecen a aparecer las excusas. Nos pasa a todos en determinados momentos. El miedo y las dudas te ayudarán a inventar las «mejores» excusas: «no es el momento adecuado», «los niños», «la hipoteca», «soy demasiado joven», «soy demasiado viejo», «es imposible», «no puedo» o —mi favorito— «no tengo dinero». Adivina la excusa que pone la gente con dinero: «No tengo tiempo». Puedes elegir no recurrir a las excusas. Puedes optar por seguir adelante, a pesar del miedo y sin poner excusas. Puedes elegir entre sentirte incómodo un tiempo y actuar, o inventar una excusa y seguir donde estás, inmóvil y ¿cómodo? Inténtalo. ¡Es divertido!

El **segundo** hábito tóxico es **el hábito de quejarse.** Comparto la opinión de Lou Holtz: «Nunca cuentes tus problemas a nadie... al 20% no le importa y el otro 80% estará contento de que los tengas». Quejarse es como un veneno para tu deseo de ser más feliz. Es una conducta absolutamente inútil que fomenta que sientas lástima de ti mismo y no consigue nada. No es atractivo en absoluto. Es la mentalidad de una víctima, y tú ya no eres una víctima, ¿verdad?

Yo también era un maestro de la queja hasta que aprendí los conceptos de víctima y protagonista. Decidí probar a ser protagonista. En vez de quejarme de no tener tiempo, me levanté una hora antes. En lugar de quejarme de mi peso empecé a vivir un estilo de vida más saludable y comer muchas más verduras. En lugar de culpar a mis padres, mis maestros, mi jefe, la sociedad, el Gobierno o la economía, asumí la responsabilidad de mi vida. Trabajé duro en los últimos tres años, durante la crisis más dura que España había visto en décadas, y prosperé.

Asume la responsabilidad. En realidad, nadie tiene la culpa de que sigas fumando, de que comas alimentos poco saludables o de que renuncies a tu sueño. Eres tú quien pone el despertador siempre a la misma hora y deja que la alarma siga sonando y sonando, en vez de levantarte media hora antes, y quien elige el miedo antes que el riesgo. No culpes a otros por no vivir una vida satisfactoria. Ni siquiera te culpes a ti mismo. Culparse también es completamente inútil. Utiliza esa energía que malgastas en inventarte excusas o en quejarte y ponte a trabajar, o reflexiona sobre lo que realmente quieres. ¡Tú eres el dueño de tu vida! Puedes hacer lo que quieras con ella. Cuanto antes comprendas esto, más pronto podrás avanzar en la dirección de tus sueños. Solo recuerda dónde quieres mantener tu enfoque. Quejarte de tus circunstancias actuales pondrá tu foco en ellas y «atraerá» más de lo que no te gusta.

Tienes que salir de este círculo vicioso y concentrarte en lo que quieres de una vez. Todo esto hará que sientas que tienes el control de tu vida ... y eso hará milagros en ti.

Asume el control

La creencia de que tenemos control, que nuestro comportamiento importa, que somos los dueños de nuestro propio destino, en casa y en el trabajo, es uno de los mayores impulsores del bienestar y el éxito. Y lo mejor de todo es que ni siquiera importa cuánto control tenemos realmente. Es más importante cuánto control *pensamos* que tenemos.

En su libro *The Happpiness Advantage,* Shawn Achor nos muestra que los estudiantes que sienten que tienen el control muestran niveles más altos de felicidad, obtienen mejores calificaciones académicas y están más motivados para elegir vocacionalmente una carrera[1]. Lo mismo sucede con los empleados que consideran tener un buen nivel de control sobre sus tareas profesionales: se sienten mejor en su trabajo y obtienen mayores satisfacciones de él.

Otro estudio que menciona Achor demuestra que una mayor sensación de control en el trabajo predice una mayor satisfacción en casi todos los aspectos de la vida y conduce a niveles más bajos de estrés, menor conflictividad y mayor grado de fidelidad y compromiso con la empresa. Recuerda: **la forma en que experimentamos el mundo está en gran medida determinada por nuestra mentalidad.**

Las personas más exitosas creen que sus acciones tienen un efecto directo sobre sus resultados *(locus* interno de control), mientras que las personas con mentalidad de víctima piensan que los acontecimientos diarios a los que se enfrentan vienen dictados por fuerzas externas *(locus* de control externo).

Por ejemplo, te pasan por alto para una promoción. Si tienes un *locus* externo pensarías que tu jefe no reconoce talento, que nunca tuviste una oportunidad real para esta promoción, y eso conduce a una pérdida de motivación. El problema es que las personas con un *locus* externo no solo culpan a otros por sus fracasos, sino que también —y ese es el verdadero problema a largo plazo—, tampoco valoran sus propios éxitos.

Una persona con un *locus* interno que no ha sido tenida en cuenta para una promoción solo se preguntará qué podría haber hecho mejor, y luego trabajará para mejorar

---

[1] Achor, S. (2010), *The Happiness Advantage,* p. 132.

este área. O, si siente que no está suficientemente valorada, se irá de la empresa y buscará otro trabajo.

Creer que nuestras acciones determinan nuestros destinos en la vida nos motiva a trabajar más duro, y cuando vemos que este trabajo duro tiene resultados, nuestra fe en nosotros mismos se vuelve aún más fuerte. Pero hay aún más ventajas: las personas que creen que tienen el control consiguen un mayor rendimiento académico y mejores carreras. Son mucho más felices y experimentan menos estrés en su trabajo. También muestran un mayor compromiso con la empresa y mejor desempeño de tareas. Construyen relaciones más fuertes, son mejores comunicadores, mejores solucionadores de problemas y se muestran más atentos para escuchar a otros.

SENTIR QUE TIENES EL CONTROL ES BUENO PARA TU SALUD

En un estudio realizado con 7400 empleados, los que sentían que tenían poco control sobre los plazos impuestos por otras personas presentaban un 50 % más de probabilidades de padecer una enfermedad coronaria[2]. Sentir que no tienes control sobre la presión en el trabajo es un factor de riesgo equivalente en lo que respecta a las enfermedades cardíacas como tener la presión arterial alta.

Recuerda el estudio realizado en una residencia de ancianos al que nos referimos antes. Los investigadores descubrieron que al darles el control sobre las tareas cotidianas sencillas, como que se encargaran de sus plantas, aumentó los niveles de felicidad y la tasa de mortalidad ¡se redujo a la mitad!

---

[2] Syme, L., y Balfour, J. (1997). «Explaining inequalities in coronary heart desease». *The Lancet*, 350, pp. 231-322.

Hazte a ti mismo las siguientes preguntas:

- ☑ ¿A quién culpas ahora mismo por tu situación en la vida? (tu pareja, tu jefe, tus padres, etc.).
- ☑ ¿Qué pasaría si dejases de culpar a los demás por lo que sucede en tu vida?
- ☑ ¿Qué pasaría si dejases de ser una víctima de las circunstancias?
- ☑ ¿Te resulta cómodo ser una víctima?
- ☑ ¿Qué beneficios tiene para ti ser una víctima?
- ☑ ¿Qué pasaría si dejases de sufrir por lo que no te gusta de tu vida y tomases la decisión de cambiarlo?

5

CAMBIAR ES POSIBLE

El camino hacia la felicidad pasa por el cambio y el caos; una ligera inquietud, cierta intranquilidad y una inseguridad algo incómoda son las sensaciones que suelen ir asociadas al cambio. Adquiere el hábito de hacer las cosas que otros no quieren hacer y haz lo que debe hacerse, independientemente de estas pequeñas molestias. La mayoría de nosotros pensamos que para dar un giro a nuestras vidas tenemos que hacer grandes cambios, de modo que nos dejamos abrumar por la enormidad de la tarea y terminamos por no hacer nada, y así quedamos estancados en nuestros viejos hábitos. La respuesta es: pasito a pasito. Empieza cambiando cosas pequeñas que no requieren tanto esfuerzo y los pequeños cambios te conducirán a cambios mayores.

Debes estar preparado: el miedo y las dudas serán tus fieles compañeros de viaje. Puede que nunca te deshagas de ellos, pero puedes aprender a sobrellevar mucho mejor su peso y seguir caminando.

SIENTE EL MIEDO Y ACTÚA DE TODOS MODOS

Según Paolo Coelho, «el miedo al sufrimiento es peor que el propio sufrimiento», y Eleanor Roosevelt añade: «En cada una de las experiencias que te obligan a pararte y mirar el miedo cara a cara, ganas fuerza, valor y confianza. Debes hacer lo que crees que no puedes hacer». Desde mi experiencia personal te puedo confirmar que es así. También te digo que una vez que aprendes lidiar con el miedo y con las dudas, y haces lo que te da miedo, o lo que piensas que no puedes hacer, suceden cosas maravillosas.

No dejes que tus miedos te frustren, te limiten o, peor aún, te paralicen. Considera el miedo como una señal de advertencia, como la luz amarilla de un semáforo, no como la luz roja.

La luz amarilla nos advierte de que el disco está a punto de cambiar, pero todavía podemos cruzar. Lo veo una y otra vez con mis clientes: en cuanto empiezan a hacer lo que temen, su miedo desaparece. Mark Twain lo sabía ya hace cien años: «Dentro de veinte años te sentirás más decepcionado por las cosas que no hiciste que por las que hiciste».

Enfréntate a tus miedos. El noventa por ciento de ellos no son más que pura imaginación. ¡Ilusiones! Horribles historias tragedia y desastre que probablemente nunca ocurrirán, inventadas por eso que T. Harv Eker califica como «el mayor director de culebrones del mundo»: nuestra propia mente, que intenta mantenernos a toda costa en nuestra zona de confort. El único problema es que hay cosas extraordinarias, como el desarrollo, el crecimiento personal y el éxito, que ocurren fuera de la ya famosa «zona de confort».

Los miedos son un mecanismo de supervivencia generado por tu mente. Quiere mantenerte a salvo y muestra prevención ante todo lo que no conoce. Este mecanismo demostró ser muy eficaz hace miles de años, cuando había que estar alerta y huir para no ser devorado por los grandes depredadores a los que nuestros antepasados tuvieron que enfrentarse, pero hoy en día en numerosas ocasiones puede resultar incluso dañino. Efectivamente, muchas veces detrás de tus miedos habrá grandes oportunidades esperándote, así que siempre pregúntate: «**¿Qué es lo peor que me puede pasar si hago esto?**». Entonces, antes de huir impulsado por tus temores, evalúa si vale la pena asumir el riesgo o no. Y si vale la pena, actúa.

Ten cuidado. No asumir un riesgo, o no salir de tu zona de confort, también tiene un precio. Pregúntate a ti mismo: «¿Qué precio estoy pagando por seguir igual, o por no hacer esto? ¿Es un precio aún mayor que el de afrontar el reto?». Ese precio no es necesariamente económico, sino que incluye cosas intangibles como la paz interior, la felicidad, la salud, etc.

Comienza a cambiar tu relación con el miedo poco a poco. Permite que te advierta y que te consulte —a veces puedes incluso utilizarlo como motivación—, pero no dejes que te paralice o te limite. En mi caso, por ejemplo, el miedo siempre me paralizaba totalmente, y por eso permanecí estancado en mi trabajo durante cinco años por miedo al cambio y a lo desconocido.

Hoy en día, cuando me invaden los temores y las dudas, pienso: «Bueno, si siento tanta incertidumbre y temor es que estoy en el buen camino. Tendré que actuar y enfrentarme a lo que me da miedo». Esto vuelve a sucederme de nuevo, una y otra vez. Cada vez que entrego un manuscrito al editor, cada vez que preparo una conferencia, tengo de nuevo esa vocecilla que intenta amedrentarme para que me quede quietecito en mi rincón: «¿En serio, estas seguro? No sé, ¿eh? No me parece muy bueno este libro. ¿Sigues dándole vueltas a lo de los hábitos?», y así siempre en el mismo tono. Pero ya no puede conmigo.

Enfréntate a las cosas que temes actuando, haciéndolas: haz esa llamada que no quieres hacer, envía ese correo electrónico que no quieres enviar, pregunta a esa persona a la que temes preguntar… y mira a ver qué pasa. Cuando sientas que el miedo invade tu cuerpo y tu mente, detente y échale un vistazo, obsérvalo, analízalo, pero no te lo creas. En lugar de eso pregúntale: «Miedo, mi viejo amigo. ¿Qué haces aquí de nuevo? ¿A qué vienes? ¿Estás aquí para advertirme o quieres paralizarme?». Y pregúntate: ¿de que tienes miedo?, ¿del fracaso?, ¿del éxito?, ¿de cometer errores?, ¿de tomar las decisiones equivocadas? Haz lo que dice Susan Jeffers: **«Siente el miedo y hazlo de todos modos»**. Si quieres conquistar nuevos territorios tienes que correr riesgos y hacer continuamente cosas que temes. Los errores no importan mientras aprendas de ellos y no repitas los mismos errores una y otra vez. Lo mismo ocurre con las decisiones: no tomar una decisión, o procrastinar, también es una decisión.

SÉ EL CAMBIO

Una de mis citas favoritas es esta de Mahatma Gandhi: «Sé el cambio que quieres ver en el mundo». Me recuerda que no debo intentar cambiar a otras personas, sino que siempre debo mirarme primero a mí mismo y ser un ejemplo. ¿Estás tratando de cambiar a otras personas? Pues ya puedes parar ahora mismo. Es imposible. No puedes ayudar a personas que no quieren tu ayuda, sencillamente no puedes cambiar a otras personas. Así que deja de desperdiciar esta energía preciosa y comienza a concentrarte en lo que puedes hacer. Y eso es ser un ejemplo. Sé el cambio que quieres ver en el mundo. Otras personas son como espejos de nosotros. Cosas que no nos gustan de ellas son a menudo aspectos que tenemos que trabajar y/o equilibrar en nosotros mismos. Recuerda que solo eres responsable de tu propio comportamiento. Sé un ejemplo. Eso es todo lo que tienes que hacer.

No puedes cambiar a los demás. Lo único que puedes hacer es aceptarlos como son y ser el mejor ejemplo y la mejor persona posible. ¿Te quejas de tu pareja, de tus compañeros o de tu socio? Sé el mejor compañero o la mejor pareja posible. ¿Te quejas de tus empleados? Sé el mejor jefe posible. ¿Quieres ser amado tal y como eres? Empieza a amar a otras personas tal y como son.

SAL DE TU ZONA DE CONFORT

Sí. Todo el mundo habla de ello. «Si quieres cambiar tienes que salir de tu zona de confort» o «la magia ocurre fuera de tu zona de confort»; algunos incluso te dirán que tienes que salir de tu zona de confort, mientras ellos se quedan tan contentos en la suya. Sí, lo sé. Si fuera tan fácil... Pero es que la zona de confort es tan agradable y tan acogedora... Por cierto... ¿qué diablos es la zona de confort?

La mejor explicación que he escuchado hasta ahora es la siguiente: si pones una rana en una olla de agua hirviendo, salta; pero si la pones en una olla y comienzas a calentar el agua gradualmente, no reacciona y muere literalmente cocida (espero que esto sea solo una metáfora y realmente nadie haya hervido a ninguna pobre rana).

De todos modos, eso es lo que les sucede a muchas personas. Están atrapadas en su zona de confort sin siquiera saberlo. Viviendo una vida de «desesperación silenciosa».

Tu zona de confort es el límite de tu experiencia actual. Es lo que estás acostumbrado a hacer, pensar o sentir basado en tu nivel actual de conocimiento. Es donde la mayoría de las veces sabemos exactamente qué va a suceder, es nuestro espacio predecible y «seguro». Es donde vives la vida en piloto automático. Es también el espacio donde el cambio no sucede. Así que si quieres cambiar de trabajo, montar una empresa, ser creativo, salir de una relación que ha dejado de funcionar, tienes que salir de tu zona de confort.

Lamentablemente es más cómodo permanecer donde estás, y tu mente está haciendo todo lo posible por mantenerte ahí. Si estás atrapado en un trabajo que ya no te gusta podrías decirte a ti mismo: «Bueno, tan malo no es. Quién sabe, quizás en otro trabajo podría ser peor aún» Y sí, esto podría ser verdad. Pero también podría ser la voz del miedo, argumentando para convencerte de permanecer en un trabajo que ya no tiene sentido.

Steve Jobs tenía una técnica estupenda para salir de su zona de confort. Cada día se miraba en el espejo y se preguntaba: «Si este fuera mi último día en la Tierra, ¿haría lo que voy a hacer hoy?» Y si se respondía «No» a si mismo durante demasiados días seguidos, cambiaba.

Ten mucho cuidado si utilizas esa técnica, porque una vez que empiezas a hacerte esta pregunta todo cambia. Cuando salgas de tu zona de confort empezarás a asumir riesgos, comenzarás a crecer. Te sentirás incómodo y extraño. ¡Es una gran señal! Eso es en realidad una señal de que estás creciendo y avanzando. Actúa a pesar de tus miedos.

La vida es un milagro: al final siempre sale bien. Pero siempre hay un precio que tienes que pagar y es decisión tuya si lo quieres pagar y vivir con las consecuencias.

El precio que pagas por ponerte en forma es hacer ejercicio y comer más sano. El precio que pagas por no hacer ejercicio es engordar hasta la obesidad. Si quieres tener más tiempo el precio que debes pagar es levantarse una hora antes o acostarte antes viendo menos televisión. El precio que pagas por procrastinar es ansiedad y sentirte mal. **¡Elige sabiamente cómo prefieres sufrir!**

¿Cómo funciona el cambio? El poder de los hábitos

Cambiar es difícil, pero posible. Algunas personas han podido cambiar, así que tú también puedes. ¿Cómo es posible el cambio? ¿Qué funciona? Y ¿cómo se nota?

Hasta 1998 los neurocientíficos pensaban que el cerebro permanecía inmutable y que no cambiaba ni crecía. Nada. Tienes lo que tienes y eso es todo. Gracias a unos estudios realizados con conductores de taxi de Londres y con monos, se descubrió que las neuronas son plásticas, lo que significa que cambian, que se desarrollan y crecen. ¡Qué gran avance!

No voy a explicarte cómo funciona tu cerebro, porque creo que no estoy cualificado para ello, y además tampoco necesitas saberlo para cambiar. Lo que tienes que hacer es HACER. Si HACES algo una y otra vez **se convierte en un hábito.** Puede llevarte 21 días, 66 días, 180 días. Es igual. Tú hazlo hasta que se convierta en un hábito. Hasta que empieces a hacerlo automáticamente y sin pensar. Si, por ejemplo, practicas algún deporte, o tocas algún instrumento musical regularmente, tu cerebro cambia. Los taxistas londinenses tenían que estudiar los mapas de Londres y sus cerebros realmente cambiaron. Eso fue una gran noticia porque eso significa que todos podemos cambiar.

Hay dos tipos de cambio. El cambio gradual y el cambio agudo. El cambio gradual es como el agua que gotea sobre una piedra y, gota a gota, termina horadando su superficie. Este es el tipo de cambio saludable, el cambio real, el cambio que lleva tiempo. Es el cambio divertido, donde se disfruta del viaje y del proceso de llegar a la meta.

El cambio agudo sería utilizar una maza y golpear la piedra hasta mellarla o partirla Este proceso no tarda tanto tiempo como el proceso gradual, pero incluso así lleva su tiempo. **El cambio agudo tampoco es una solución rápida.**

Y déjame decirte una cosa ahora mismo: **no hay solución rápida.** Si alguien quiere venderte la moto de que hay una solución rápida… corre en la dirección contraria.

Martin Seligman, fundador de la psicología positiva y probablemente el mayor experto en el campo, lo expone con una claridad apabullante: «La creencia de que podemos tomar atajos para obtener gratificaciones y eludir el trabajo necesario para reforzar nuestras fortalezas y virtudes personales es una locura. Los que así piensan terminan, a largo plazo, cayendo en la depresión y muriendo espiritualmente».

Mucha gente quiere cambiar su vida, pero no quiere hacer ningún esfuerzo para ello. Quieren la solución rápida, pero como la solución rápida no existe terminan rindiéndose.

Si tan solo pudieran tener paciencia y trabajar con constancia, perseverar en ello y darse el tiempo necesario para el cambio, lo conseguirían. Como mi cliente Mary, que perdió 37 kg en quince meses, cuando pude convencerla de que perder 37 kg en dos meses no solo es poco realista, sino también poco saludable. O mi cliente John, que estaba totalmente estresado y al borde de un grave problema de salud y en un plazo de seis meses consiguió tener su vida bajo control. Ahora tiene más tiempo que nunca. O Petra, que triplicó su sueldo en nueve meses trabajando con constancia, como el agua que gotea la piedra. El cambio lleva tiempo.

Cuando Stephen Covey examinó la literatura sobre el éxito publicada en los últimos doscientos años, encontró que hasta la década de 1930 los libros de desarrollo personal se centraban en el cambio de carácter, la modificación gradual, cambiar paso a paso, desde dentro. Se trataba de luchar, de trabajar duro, fallar y levantarse de nuevo, pasar por dificultades inevitables, cambiar lentamente, poco a poco. A partir de la década de 1930 el planteamiento giró hacia la solución rápida, el camino llano, el éxito instantáneo: hazlo ahora, solo tardarás un momento, es fácil.

El panorama ante el que nos hayamos ahora es el que Seligman describió. Vemos una disminución en el bienestar de la gente. Mucha más depresión, mucha más ansiedad. Una de las razones de ello es que la gente cree en la solución rápida: 5 pasos para la felicidad, 7 claves para el éxito. Y lo intentan. Cumplen con los pasos indicados, pero las cosas no funcionan y piensan: «**¿Qué pasa conmigo? ¿Qué estoy haciendo mal?**». Empiezan a cuestionarse su valía en función de esa falta de resultados, lo que podría llevarles a caer en una espiral descendente. Y lo peor es... que **no están haciendo nada mal y no hay nada malo en ellos.** ¡Es que la solución rápida no existe!

¿Por qué es tan difícil cambiar?

¿Por qué el 44 % de los médicos tienen sobrepeso, aunque saben lo importante que es un estilo de vida saludable?[1]

---

[1] Kalb, C. «Drop that corndog, doctor». *Newsweek,* 13/10/2008.

¿Por qué es tan difícil el cambio? Todos sabemos lo que debemos hacer, pero este conocimiento común no facilita las cosas. Todos sabemos que hacer ejercicio es bueno para nosotros y, sin embargo, no lo hacemos.

Sin acción, el conocimiento a menudo carece de sentido. Otra razón por la que el cambio es difícil es porque a veces piensas que quieres cambiar, pero en realidad no quieres pagar el precio por hacerlo. Por ejemplo, quieres perder peso, pero no quieres cambiar tu dieta; o quieres hacer ejercicio, pero no quieres levantarse antes. Así que realmente tienes que aclarar eso y lo lograrás haciéndote las siguientes preguntas:

¿REALMENTE quiero cambiar?

¿Quiero mejorar?

¿Quiero cambiar aspectos, rasgos de carácter o comportamientos míos que no me gustan?

Otro obstáculo es que a veces queremos cambiar conscientemente, pero subconscientemente algo nos está deteniendo. Esto podría ser, por ejemplo, que inconscientemente crees que no mereces tener una vida mejor. O que a veces asocias un rasgo positivo tuyo con el rasgo que no te gusta y luego te bloqueas, porque crees que si te deshaces del rasgo negativo también perderás el rasgo positivo, lo que, por supuesto, es una tontería.

Por ejemplo, piensas que:

- ☑ Si dices NO dejas de ser una persona agradable.
- ☑ Si no eres severo pierdes seriedad.
- ☑ Si dejas de ser rígido también perderás coherencia.
- ☑ Si te deshaces de tu perfeccionismo, perderás tu ambición.

¿Qué es lo que en tu mente está asociando a la característica de la que te deseas deshacer?:

☑ Puedes perder tu miedo al fracaso y seguir teniendo ambición.

☑ Puedes decir NO y seguir siendo una persona amable.

☑ Puedes dejar de preocuparte y seguir siendo una persona responsable.

☑ Puedes dejar de sentirse culpable y seguir siendo una persona con empatía.

☑ Puedes dejar de ser una buscador de fallos y seguir siendo realista.

CAMBIAR EMOCIONES

La meditación consciente, lo que significa poner tu atención en el momento presente, es un ejemplo de cambio gradual. También es, probablemente, la intervención más poderosa para lograr calma y ecuanimidad. Literalmente, transforma nuestro cerebro. Son varios los estudios que demuestran que ocho semanas de meditación realizada regularmente transforman nuestro cerebro. Lo veremos con más detenimiento en el capítulo 12, cuando analicemos la conexión entre cuerpo y mente.

En su libro *Emotional Alchemy* ('alquimia emocional') Tara Bennett Goldman define la meditación consciente —o *mindfulness*— de la siguiente manera:

> *Mindfulness* significa ver las cosas como son, sin tratar de cambiarlas. El objetivo es disolver nuestras reacciones a las emociones perturbadoras, teniendo cuidado de no rechazar la emoción misma. Esto es lo que significa «darse permiso para ser humano».

Experimentas la emoción, respirando a través de ella. Muy a menudo —no siempre— la emoción se diluye y, al disolverse, se diluye también psicológicamente el dolor que esa emoción produce.

Un cambio agudo de las emociones sería un trauma. El trauma modifica nuestro cerebro a través de reacciones químicas y altera nuestras conexiones neuronales. Un ejemplo es el trastorno de estrés postraumático (TEPT). Tras la guerra de Vietnam se determinó que un 30% de los veteranos lo habían padecido; más tarde, a raíz de la primera guerra del Golfo, los veteranos afectados ascendían al 80%. En Nueva York, antes del 11 de septiembre, se registraron 20.000 casos de TEPT al sur de la calle 110; después del 11 de septiembre se diagnosticaron 60.000.

El cambio agudo positivo sería el crecimiento postraumático (CPT). Sí, esto realmente existe. El CPT sucede cuando te centras en el beneficio del trauma —por ejemplo, te acercas más a tu familia, aprecias cada respiración, aprecias las flores, disfrutas más de tus amigos—, cuando aprendes del trauma y creces. Se trata de encontrar beneficios y compartir. **Sorprendentemente, mucha gente experimenta crecimiento postraumático.** Pero la mayoría de nosotros no lo sabemos. Si la gente supiera que el CPT existe, y que es más frecuente de lo que podría pensarse, habría más casos. Porque se convertiría en una profecía que se autocumple.

Cambiar comportamientos

Hablemos del ingrediente más importante del cambio: **el cambio de comportamiento.**

La mayoría de las personas que participan en un taller, una formación o un seminario se sienten felices, motivados y salen del seminario con grandes metas y planes, para luego darse cuenta que el siguiente miércoles siguen igual que antes. ¿Por qué? ¿Cómo podemos hacer que el cambio dure? Hay solamente una manera: **introduciendo el cambio inmediato del comportamiento.** Haciendo algunos de los ejercicios que aprendimos, anotando nuestros objetivos, asumiendo riesgos que no hemos afrontado antes y así sucesivamente. Este es el verdadero y único secreto para cambiar: **el cambio de comportamiento.**

Un curso, un libro o un taller pueden introducir un cambio de actitud. **Si no mantienes el nuevo comportamiento volverás a tu estado anterior.** Si te limitas a asistir a un taller puedes tener un momento «¡Ajá!», pero si después no lo cimentas con acciones no pasará nada.

Las actitudes influyen en el comportamiento, pero el comportamiento también influye en la actitud. Y no solo eso. **Los comportamientos son realmente más poderosos, las acciones son siempre más poderosas que las palabras.**

Si tienes cierto comportamiento antes de asistir a un taller, lo más que este puede conseguir es modificar tu actitud hacia algo en concreto, pero si esta actitud no coincide con el comportamiento que adoptes después del taller, tu actitud virará hacia tu estado inicial y por eso, a la semana siguiente, serás el mismo que antes de asistir a ese taller tan inspirador.

Tal Ben-Shahar menciona un estudio realizado con veteranos de la guerra de Corea que habían caído prisioneros. Durante su cautiverio se les obligaba a escribir cartas a familiares y amigos hablando en términos positivos del régimen comunista. Se pudo corroborar así hasta que punto se consigue promover un cambio de actitud y comportamiento, pues el hecho de escribir positivamente sobre el comunismo hizo que en realidad cambiara su actitud hacia él.

Así cobra sentido la frase: «Fíngelo hasta que te conviertas en ello». Puedes fingir una sonrisa para obtener una inyección de felicidad, puedes fingir tu postura corporal y tu lenguaje corporal para volverte más seguro de ti mismo con el tiempo. Tu comportamiento AFECTARÁ tu actitud. Camina con la cabeza bien alta, camina erguido. Camina como una persona segura de sí misma y te volverás más seguro de ti mismo. Muy a menudo el cambio de comportamiento es un proceso gradual; el cambio agudo de comportamiento, por su parte, implica hacer frente a las cosas, tomar riesgos, salir de la zona de confort y acometer lo que resulta incómodo.

Podemos hablar de algo durante todo el día, podemos pensar en algo durante todo el día y nada ocurrirá, A MENOS que provoquemos un verdadero cambio de comportamiento y pasemos a la ACCIÓN.

Tal Ben-Shahar menciona un fabuloso estudio en el que me gustaría haber participado hace treinta años.

El grupo de muestra estaba formado por una serie de hombres heterosexuales cuyo común denominador era la timidez. A los sujetos analizados se les dijo que habían sido convocados para hacer una prueba y se les invitó a esperar en una sala hasta que alguien acudiera a buscarles. En la sala de espera había también una mujer, cuyas instrucciones eran iniciar una conversación y mostrar mucho interés por todo lo que ellos decían, escuchando, haciendo preguntas, asintiendo. Cada cierto tiempo, la mujer se iba y era sustituida por otra con las mismas instrucciones. Cada sujeto estuvo sentado en la sala durante 12 minutos, al cabo de los cuales iban siendo llamados para realizar la prueba. En total, se turnaron seis mujeres y hubo 72 minutos de conversación. Un día más tarde se repitió el proceso. Por supuesto, como ocurre con frecuencia en los estudios psicológicos, en este la prueba a la que debían someterse los sujetos era irrelevante. Lo que los investigadores realmente querían analizar era qué efecto tenía el comportamiento de las mujeres en la timidez de los sujetos.

Seis meses después, los investigadores hicieron un seguimiento de los sujetos de la muestra y comprobaron que se mostraban mucho menos ansiosos delante de mujeres y menos tímidos. Muchos de ellos, incluso, iniciaron relaciones y comenzaron a salir con chicas por primera vez en sus vidas. Y todo esto al cabo de tan solo 144 minutos de intervención. ¿Quién dice que el cambio no es posible?

El problema, claro, era que esos hombres tuvieron que ser informados, seis meses después de realizadas las pruebas, de que habían sido objeto de un estudio y que aquellas mujeres que parecían tan interesadas en ellos solo fingían.

Y lo curioso es que... aquello no supuso NINGUNA DIFERENCIA para esos hombres. Ahora eran mucho más extrovertidos, les iba bien con las mujeres, acudían a citas. Habían iniciado una espiral positiva.

Nada crea tanto éxito como el propio éxito. Cuando empezaron a sentirse bien consigo mismos aquello se convirtió en una espiral ascendente. No importó en absoluto que las mujeres no tuvieran interés real en ellos y que solo lo fingieran de cara al estudio: 144 minutos cambiaron sus vidas.

La autodisciplina está sobrevalorada

¿Crees que podrías ser más feliz y tener más éxito si tuvieras más autodisciplina? No importa si lo crees o si no lo crees. Tengo buenas y malas noticias para ti.

Primero las malas noticias: no conseguirás tener más autodisciplina. Lo que tienes es lo que tienes y no obtendrás mucho más. La autodisciplina tiene un límite.

Y ahora vamos con las buenas noticias: en realidad, la autodisciplina no es tan importante, ni para el éxito ni para la felicidad. La autodisciplina está sobrevalorada (y fijaos que esto lo dice un alemán). **La mayoría de los esfuerzos para cambiar, tanto a nivel empresarial como personales, fracasan porque la gente confía demasiado en la autodisciplina.** Si cambias tu enfoque de que para conseguir cambiar hábitos dependes de tu autodisciplina, necesitarás mucha menos autodisciplina. Quizás la necesites en los primeros 5-10 días, pero después de eso las cosas serán más fáciles y antes de que seas consciente de ello el hábito se habrá instalado.

Entonces, ¿cómo sabemos que la autodisciplina no funciona?

Roy Baumeister hizo el siguiente experimento. Dividió a los sujetos de la muestra en dos grupos. Al primero se les reunió en una sala de espera donde había una mesa con galletas de chocolate y se les dijo que el experimento comenzaría en 10 minutos, advirtiéndoles también que no debían tocar las galletas porque eran para el siguiente grupo. El segundo grupo, que recibió las mismas instrucciones, fue reunido en otra sala donde en lugar de galletas había remolachas.

Transcurrida la espera, los investigadores dieron a los dos grupos la misma prueba, que era muy, pero que muy difícil. Lo que realmente querían analizar era cuánto empeño ponía cada grupo en intentar resolver la difícil prueba antes de darse por vencido.

Los integrantes del «grupo de las remolachas» mostró mucha más perseverancia. Los investigadores concluyeron que esto sucedió porque el «grupo de las galletas de chocolate» había invertido gran parte de su autodisciplina en evitar tocar las galletas, lo que demostró que tenemos una cantidad limitada de autodisciplina. **La pregunta es: ¿qué hacemos con ella?**

Echemos un vistazo, por ejemplo, a tus propósitos de Año Nuevo. ¿Los estás cumpliendo? Entonces formas parte del 20% que lo hacen, porque un 80% de los propósitos de Año Nuevo no sobreviven a enero[2].

Por otra parte, ¿te cepillaste los dientes esta mañana? ¿Tenías que motivarte o establecer una meta para cepillarse los dientes? Estoy seguro de que lo hiciste, ¿verdad? La razón es que los propósitos de año nuevo se basan en la autodisciplina, mientras que cepillarse los dientes se ha convertido en un hábito. **Muchas veces lo que parece disciplina —por ejemplo, el entrenamiento en atletas— en realidad son hábitos o rituales.**

La única forma de cimentar un cambio duradero es apoyarlo en hábitos o rituales.

Crea tus propios rituales de cambio: ir a correr, no comprobar tus correos electrónicos durante tres horas, apuntar cada día tres cosas que agradecerle a la vida, tener una noche especial con tu pareja una vez por semana, acudir a cenas familiares, etc.

Si no creas el hábito o el ritual, los días, las semanas y los años pasarán y nunca harás lo que quieres hacer. Recuerda que todo esto no sucede en un día. Date TIEMPO para crear el ritual. ¿Cuánto tiempo? Pues… todo el que necesites.

Muchos expertos dicen que se tardan entre 16 y 188 días en crear un hábito. La verdad es que eso depende tanto de la persona y como del hábito. Por ejemplo, acostumbrarse a beber un vaso de agua todas las mañanas después de levantarse probablemente será bastante rápido. Mientras que levantarse por la mañana para salir a correr durante 45 minutos podría tardar mucho más tiempo. Concédete

---

[2] Parker-Pope, T. «Will your resolutions last until February?», *New York Times*, 31/12/2007, citando un estudio de Franklin Covey realizado con 15.000 personas.

por lo menos 30 días e intenta introducir uno o dos nuevos hábitos cada 30 días. Con eso basta. Consigue pequeños éxitos. Se irán sumando uno tras otro hasta conseguir resultados increíbles con el tiempo.

¿Cómo puedes crear buenos hábitos?

Hay varias maneras de crear nuevos hábitos. La manera más fácil de romper con un mal hábito es sustituirlo con un buen hábito. Por ejemplo, puedes sustituir refrescos azucarados por té verde, o el bocata de chorizo del desayuno por un plátano. Otra forma es introducir el nuevo hábito en un ritual o en una rutina que ya existe: por ejemplo, bebe el vaso de agua o el zumo de fruta justo antes de hacer el café. Hazlo lo más fácil posible para que el nuevo hábito se consolide y elimina todas las excusas.

Yo, por ejemplo, siempre quise tomar un zumo de fruta y verduras recién exprimidas por las mañanas. Pues bien:

Primer problema: no había fruta y ni verdura en casa. *Solución:* comprarlas.

Segundo problema: las incluí en la lista de la compra, y empezaron a frecuentar mi nevera, pero me daba pereza lavarlas por las mañanas y acababan poniéndose malas. *Solución:* lavar la fruta justo después de comprarla. ¡Estupendo! Aun así no hice el zumo.

Tercer problema: hacer el zumo y luego dejar la licuadora sin limpiar hasta el día siguiente era un desastre y luego costaba mucho lavarla. *Solución:* limpiar la licuadora justo después de usarla y ANTES de beberme el zumo.

Y entonces empecé a beber zumo recién exprimido cada mañana.

Reduce el nivel de energía que necesitas para activar los hábitos que deseas incorporar, y elévalo para los que deseas evitar. Si quieres hacer ejercicio por las mañanas prepara tu ropa, ten listas las zapatillas al lado de tu cama y, si eso no es suficiente… duerme con tu ropa de gimnasia puesta —no es broma. Yo lo hice—. Planifica dónde vas a hacer ejercicio, cuándo y qué vas a hacer…

Ten preparada con antelación frutas y verduras frescas en tu nevera, listas para consumir, de modo que cuando el hambre llegue sea más fácil cogerlas que lanzarte sobre la comida basura.

Si quieres romper el mal hábito de perder el tiempo viendo la televisión, desenchufa el aparato o quita las pilas del mando a distancia y ten un libro preparado junto a ti, en el sofá.

En un estudio, K. D. Vohs descubrió que adoptar demasiadas elecciones agota nuestra energía. Y tenemos que hacer muchas todos los días. Con cada elección adicional que tenemos que tomar, nuestra resistencia física, la capacidad de realizar cálculos numéricos, la entereza para enfrentarse a un posible fracaso y nuestra capacidad de enfoque, en general, disminuyen drásticamente. De ahí que tomemos malas decisiones cuando llegamos a la caja del supermercado, o cuando hemos estado de compras todo el día. No es de extrañar que Mark Zuckerberg o Barack Obama tengan un vestuario limitado: están eliminando elecciones superfluas para enfocarse en tomar mejores decisiones en situaciones importantes[3].

Otra estrategia para cambiar de hábitos es crear tus propias reglas. Por ejemplo, revisar tu correo electrónico solo una vez por la mañana, o hacer solo un descanso para tomar café.

---

[3] Vohs, K. D. (2008), «Making choices impairs subsequent self-control: A limited-resource account of decision making, self regulation, and active initiative». *Journal of Personality and Social Psychology,* 94 (5), pp. 883-898.

Pero, como te dije antes, por mucho que te informes sobre el funcionamiento del cerebro, por muchas instrucciones que tengas para cambiar de hábitos, si lo HACES, nada va a pasar. **La clave para crear estos hábitos es la repetición.** Practica el hábito una y otra vez, hasta que las acciones arraiguen en la química neuronal de su cerebro.

La clave de la práctica diaria es situar tus acciones deseadas tan cerca del camino de menor resistencia como sea posible. Identifica la energía que necesitas para activar estos nuevos hábitos —el tiempo, las elecciones, el esfuerzo mental y físico que requieren— y luego redúcelos. Shawn Achor nos dice en su libro *The Happiness Advantage* (por cierto, uno de los mejores libros que he leído): «Si puedes reducir la energía de activación de los hábitos que conducen al éxito, aunque tan solo sean 20 segundos cada vez, no pasará mucho tiempo antes de que estés cosechando los beneficios».

¡A por ello!

6

EL PODER DE PONERSE METAS

Hasta hace unos años no podía creer lo que dice Brian Tracy: «Las personas que exponen claramente por escrito sus objetivos logran mucho más, y en un período de tiempo más corto, que las personas que no lo hacen jamás podrán imaginar».

Yo no me ponía objetivos. Solo quería flotar. Mi único objetivo era ser feliz. Y lo era —o al menos eso creía—. Hasta que dejé de serlo. Desde que me fijo metas y las pongo por escrito todo ha cambiado en mi vida. Me he convertido en una persona increíblemente productiva y más exitosa que nunca. Estoy más tranquilo y experimento mucho menos estrés. Los objetivos han cambiado mi vida totalmente... y a mejor. Lo mismo te puede suceder a ti si lo pruebas. Y lo mejor es... que ni siquiera tienes que alcanzar todos tus objetivos para tener una vida genial. Pero sobre esto último volveré más tarde.

El problema con los objetivos es que la mayoría de la gente sobrestima lo que puede hacer en un mes y subestima lo que puede hacer en un año. Así que se plantean metas inabarcables para un mes y luego se rinden —porque no pueden cumplirlas—, en lugar de establecer una serie de objetivos más pequeños a realizar durante un año, lo que los llevaría al éxito.

En este capítulo hablaremos de la importancia de las metas. Tanto desde el punto de vista teórico como práctico, pero también de cómo las metas nos ayudan a lidiar con el estrés. Quiero convencerte de que conviertas el reto de ponerte metas en un estilo de vida, tanto en lo personal como en lo profesional o en tu negocio. El simple hecho de ponerte objetivos y reflexionar sobre ellos te catapultará al selecto grupo formado por el 5 % de los que se fijan metas, dándote una ventaja competitiva sobre el 95 % restante. Sí: el 95 % de la población no se pone objetivos. Algunos dicen que incluso el 97 %.

La ciencia ha demostrado que las personas que establecen metas son generalmente más exitosas, y la razón principal de eso es que las metas **nos enfocan**. Seguramente conoces el antiguo refrán que dice «Si no sabes a dónde vas, es poco probable que llegues». O, como dice Nietzsche: «Si tienes un *para qué*, cada *cómo* se hace posible». Es mucho más probable que superemos las dificultades cuando tenemos algo que alcanzar.

Ya hemos hablado sobre el poder del enfoque y cómo nos dirige. Centrarse en un objetivo nos aporta los recursos internos y externos que son necesarios para llegar hasta allí y las cosas comienzan a suceder dentro de nosotros, así como también a nuestro alrededor. Innumerables estudios muestran que las metas contribuyen al rendimiento, al bienestar y fortalecen nuestra capacidad de recuperación (porque nos centramos en el futuro).

Cuando nos fijamos metas **estamos declarando que creemos que vamos a conseguir algo,** y esto se convierte en una profecía que se autocumple. Si formulas una meta, si crees en ella, es mucho más probable que la consigas.

Me gusta el siguiente ejemplo que Tal Ben-Shahar menciona en sus cursos y conferencias: cuando vas de excursión con tu mochila y llegas a un muro, ¿qué haces?

Puedes dar la vuelta, o puedes conseguir una maza e intentar derribar el muro; pero, por lo general, no sueles llevarte una maza a una excursión, ¿verdad? Entonces hay una tercera opción: puedes quitarte tu mochila y lanzarla al otro lado del muro. ¿Qué? ¿Por qué harías eso, en nombre de Dios? **Porque la necesidad es la madre de todos los inventos.**

Necesitas tu mochila para continuar. Y ahora que está del otro lado del muro no tienes más opción que vencer este muro, da igual si tienes que tirarlo abajo o encontrar alguna forma de soslayarlo, pasando por encima o por debajo de él. Cambiaste tus preguntas y, de repente, encuentras soluciones que no habías visto antes.

Cuando formulas un objetivo, por ejemplo: «Quiero comprar un ordenador», de repente ves anuncios de ordenadores por todas partes, en periódicos, revistas, etc. ¿Por qué? Porque ahora te centras en ello y por eso lo ves en todas partes. Lo mismo sucede cuando quieres comprarte un coche concreto: de repente lo ves en todos lados. Cuando te pones el objetivo «Comprarme un coche nuevo: un BMW rojo», de repente ves BMW rojos en todas partes. Siempre han estado allí, justo delante de tus ojos, pero antes de que te centraras en la compra de un coche nuevo no existían para ti.

Volviendo a nuestro muro…

Si enuncio y decido que tengo que superar el muro, mi pregunta cambia de «**¿Es posible superar el muro?**» a

«**¿Cómo puedo superar este muro?**» ¡Y esto lo cambia todo! Preguntar *¿cómo?* abre nuestra mente a oportunidades que, en su mayoría, no habíamos visto antes. De repente las soluciones están justo delante de nosotros. Si deseas ser más feliz, haz las preguntas «**¿Cómo puedo lograr el éxito?**» o «**¿Cómo puedo ser más feliz?**», preguntas centrales en su vida.

Otro factor que entra en juego con los objetivos es el poder de la palabra. Cuando declaramos algo, cuando decimos algo en voz alta, es más probable que se convierta en una realidad. Añade a esto que tus metas son realmente significativas para ti, y es mucho más probable que se conviertan en realidad.

Las palabras crean una imagen en tu mente y cuando tu mente se enfrenta a esa imagen, cuando la visualiza, tu mente buscará concretizarla, dotarla de entidad. Los científicos todavía no están realmente seguros de cómo y por qué funciona, pero funciona.

Entonces, ¿qué tienen que ver los objetivos con la felicidad? Aquí está: **los objetivos —es decir, el hecho de fijarse metas y moverse, avanzando, para conseguirlas—, es lo que conduce a la felicidad.** Ahora ya sabemos que la consecución del objetivo por sí misma no es lo que te hará ser feliz. Alcanzar la meta propuesta te producirá un subidón pero, al cabo de un tiempo, volverás a tu nivel base de felicidad; fracasar te provocará un bajón, pero después de un tiempo volverás a tu nivel base de felicidad. En otras palabras: no es conseguir la meta lo que conduce a la felicidad, es fijarse la meta lo que te lleva hacia ella.

OBJETIVOS Y ENFOQUE EN EL PRESENTE

El papel de los objetivos es liberarnos para disfrutar del presente. Si vas en un viaje por carretera y no sabes dónde ir, si no tienes un destino, es menos probable que disfrutes del presente, porque cada minuto tienes que mirar a tu alrededor. Cada cruce o giro al que llegues se convierte en una decisión importante. Esto es estrés. Si sabes dónde vas tienes un sentido de dirección. Estás liberado. Es mucho más probable que disfrutes del proceso, del ambiente, del paisaje o de las proverbiales «flores al lado del camino». No solo eso. Si tienes un sentido claro de la dirección es mucho más probable que seas feliz.

Esto también explica por qué muchas personas cuando se jubilan se sienten menos felices. Imagínate. Han estado soñando durante años con retirarse y luego, cuando finalmente lo hacen, se sienten desgraciados. Vaya palo. ¿Por qué? Porque no tienen metas, ya no tienen un propósito. Los que sí se sienten más felices cuando se jubilan son los que se fijan metas, como aprender algo nuevo, asistir a cursos, pasar tiempo con los amigos, tener un *hobby*. **Necesitamos una meta para orientar nuestro futuro y para disfrutar más del presente.**

APRENDE A DISFRUTAR DE TUS PROGRESOS

¿Por qué hay tantos *cracks* —artistas, deportistas, actores— que son infelices, e incluso empiezan a consumir drogas y alcohol? ¿Cómo es posible que personas que aparentemente lo tienen todo —fama, fortuna…—, que podrían tener a quien quisieran, que llevan una vida que la mayoría de la gente apenas se atreve a soñar, son a veces tan infelices? ¿Cómo es posible que terminen en un centro de rehabilitación?

He aquí una explicación. Durante el tiempo que han recorrido su camino hacia el éxito no han parado de repetirse: «Seré feliz cuando llegue a la cima, cuando logre mi objetivo de ser el numero uno». Y luego, cuando llegan a la cima, cuando por fin son el numero uno, se dan cuenta de que lo han conseguido y que eso no los hace felices. Ahí es cuando empiezan los problemas. Todo el mundo, incluyendo ellos mismos, les ha dicho que en la cima estará esperándoles la felicidad, pero ellos no la encuentran. Inicialmente, cuando empieza la fama, son más felices, pero luego regresan a su nivel base de felicidad y se sorprenden, se asustan, se cabrean. No tienen ni idea de qué hacer a continuación.

Ya hemos visto que la felicidad no depende del estatus social ni de la cuenta bancaria, sino del estado de ánimo. **Depende de cómo interpretes tu realidad y de lo que elijas enfocar.** Se trata de tener un objetivo, se trata de tener un destino en mente y luego soltar, dejarse ir, disfrutando del progreso. El presente es tu punto de poder.

Una cosa genial y muy reconfortante que aprendí mientras estudiaba la felicidad en la obra de Seligman, Ben-Shahar y Achor, es que para tu felicidad ni siquiera importa si eliges un camino determinado y luego te arrepientes… **Puedes ser igualmente feliz en ambos caminos.** Mientras tengas metas, mientras estés comprometido, mientras estés trabajando en tu nivel de base de la felicidad.

Es importante, sin embargo, que elijas tus metas libremente. Tienen que ser TUS metas, no de las tus padres, amigos, pareja, vecinos. Tienen que ser significativas para ti, tienen que ser «deseos», no «deberías».

Los mejores objetivos están alineados con tus intereses y valores personales, con las cosas que te interesan, con tu pasión. Objetivos que no vienen impuestos desde el exterior, ni por alguien específico, ni por la sociedad en general, ni por tu propio sentido de obligación y deber. Son cosas que realmente quieres hacer o lograr y no cosas que tienes que lograr. Vienen de preguntas como «¿Cuáles son mis metas?», «¿Qué es lo que me interesa?», «¿Qué es lo que me apasiona?». Hazte estas sencillas preguntas una y otra vez, aunque a veces las respuestas no sean fáciles. A veces no son lo que quieres escuchar. A veces no son agradables. Puede ser que a veces tengas que ir contra corriente, haciendo elecciones que no son las más populares. Puede resultar aterrador, necesitarás valentía, pero estas son las preguntas importantes. Estas son las preguntas que pueden cambiar todo.

La ventaja de este tipo de objetivos es que su potencial para hacerte feliz es mayor, porque cuando perseguimos algo que nos importa el disfrute del viaje también es mayor. También ayudan a resolver los conflictos internos, porque hacen que te plantees preguntas como, por ejemplo, «¿Qué estoy haciendo?» o «¿Por qué estoy aquí?», que son siempre son las primeras en aparecer cuando no tenemos metas ni dirección.

Pon tus metas por escrito

Anotar tus metas marca la diferencia. El hecho de ponerlas por escrito muestra tu compromiso con ellas y esos objetivos te llevarán a actuar. Son como una especie de GPS marcando el camino. Pero para ser guiado, en primer lugar tienes que saber dónde quieres ir. Cuando anotas tus metas, declaras ante tu mente que de los 50.000 a 60.000 pensamientos que tienes por día, ESTOS que has escrito son los más importantes.

Escribir tus metas te ayuda a empezar a concentrarte, centrándote en las actividades que te acercan a tu meta y comienzas a tomar mejores decisiones. Mientras te centres en donde quieres ir, siempre tendrás en mente si lo que estás haciendo en este momento es realmente el mejor uso de tu tiempo.

Leer cada día las metas que has puesto por escrito te obliga a actuar y, al mismo tiempo, te ayuda a priorizar tus acciones diarias al hacer que te plantees cuestiones como «Hacer lo que estoy haciendo en este momento, ¿me esta acercando a mis metas?». Es mucho más difícil autoengañarte si has puesto tus objetivos por escrito que si solo los tienes en la cabeza. Por ejemplo, puedes decirte a ti mismo: «He trabajado muy bien en mi página web de hoy», pero si en tu agenda está escrito que solo trabajaste una hora en lugar de cinco horas la historia cambia.

Es importante que seas claro sobre tus metas: evita vaguedades, cuanto más preciso y concreto, mejor. Por ejemplo: «Voy a aumentar las ventas en un 5 % hasta diciembre de 2018», «Voy a correr 5 kilómetros cuatro veces a la semana hasta el 30 de noviembre de 2017».

Después de escribir cada uno de tus objetivos de la forma más concreta posible, planifícalos, dividiéndolos en «pasos de acción», es decir, la cadena de pequeñas acciones asumibles que debes acometer para alcanzar el objetivo que te has fijado, y haz una lista de todos los pasos que debes dar para llegar a tu meta. Calcula cuánto tiempo te llevará realizarlo, y no te olvides de establecer un plazo para cada paso y un plazo total para la meta.

No te preocupes si no alcanzas tu objetivo en la fecha exacta que te fijaste. Es solo una manera de centrarse en la meta y crear un sentido de urgencia. Personalmente, en los dos últimos años he alcanzado solo la mitad de las metas que me había fijado; aun así, han sido los mejores dos años de mi vida y ahora estoy trabajando en las metas que no logré el año pasado.

En el ejercicio que te propongo al final de este apartado quiero que anotes lo que deseas alcanzar en tu vida en los próximos diez años. Cuando lo hagas, tienes que escribir lo que realmente quieres, *no lo que piensas que es posible*. ¡Así que PIENSA A LO GRANDE! No hay límites para tu imaginación. Las respuestas que escribes aquí son la dirección en la que se dirige tu vida. Crea una visión clara de tus metas en tu mente. Visualízate a ti mismo como si ya hubieras logrado el objetivo. ¿Cómo lo sientes? ¿Cómo lo ves? ¿Cómo suena? ¿Cómo huele?

Recuerda que los objetivos tienen que ser tuyos, específicos, declarados de manera positiva. Tienes que comprometerte con ellos.

También es muy importante que al perseguir tus metas te recompenses por el esfuerzo, y no solo por los resultados. ¡El autocastigo no está permitido! Ten en cuenta que estás mucho más cerca de lo que lo estabas hace una semana o un mes. Y mucho más cerca que el 95 % o 97 % de la población que no se plantea objetivos.

Y sobre todo recuerda: lo más importante no es alcanzar tus metas. El hecho de lograrlas no te hará más feliz, como tampoco serás más infeliz por no haberlas alcanzado. Lo verdaderamente relevante es que tener metas nos da energía, nos motiva, nos libera y contribuye como un medio para el fin.

Tener objetivos no te salvará tampoco de los fracasos en el camino hacia el éxito, ni de las dificultades, ni de la inseguridad, ni de las decepciones. Repito: todos estos obstáculos son parte del proceso, son normales e inevitables. Tener metas significativas te ayudará a superar estos obstáculos y a mantenerte en ruta, perseverando en tu camino hacia el éxito y la felicidad.

Otros consejos útiles que mejorarán la ruta hacia tus metas:

- ☑ Escribe tus metas en una pequeña tarjeta, a modo de «chuleta», y guárdala en tu billetera. Reléela cuatro o cinco veces al día, como recordatorio.

☑ Ten siempre a mano una lista con las tareas pendientes que has planificado para tus objetivos. Apunta tus «pasos de acción», el tiempo que tardas en hacer cada tarea, y las fechas limite para cada una. Es muy beneficioso, ya que te ayuda a centrarte.

☑ Equilibra tus metas (físicas, económicas, sociales, profesionales, familiares, espirituales).

Ejercicios

❶ ¿Cómo quieres que sea tu vida dentro de 10 años? ¡No hay límites! ¡Piensa a lo grande!

❷ ¿Qué tienes que haber logrado en 5 años para acercarte al objetivo que te has propuesto conseguir en 10 años?

❸ ¿Qué tienes que haber logrado en 1 año para acercarte al objetivo que te has propuesto conseguir en 5 años?

❹ ¿Qué tienes que haber logrado en 3 meses para acercarte al objetivo que te has propuesto conseguir en 1 año?

❺ ¿Qué primeros pasos puedes dar AHORA para lograr el objetivo que te has propuesto conseguir en 3 meses?

Revisa tus valores

Es imposible hablar de metas sin hablar de valores. Valores no en el sentido moral o ético, sino mirando lo que te motiva. Tener claros tus valores es uno de los pasos más importantes para conocerte mejor. Si sabes cuáles son tus valores, y tus metas están alineadas con ellos, te encontrarás con menos resistencia en el camino para llegar hasta ellas. Construye tus metas en torno a esos valores y consigue un trabajo que te permita vivir de acuerdo a tus valores. No tienes que ponerte inmediatamente a hacer algo nuevo; sin embargo, sí puedes empezar a hacer cada vez más cosas que te gustan, te llenan o te satisfacen.

Si hay una gran diferencia entre la vida que estás viviendo y tus valores, esto podría generarte sufrimiento y tensión. Una vez que averigües cuáles son tus valores, serás capaz de comprender mucho mejor tus acciones y a ti mismo.

Así que una de tus tareas más importantes es averiguar cuáles son tus valores más importantes. Aquellos que te traen alegría, paz y plenitud. Puedes utilizar, si quieres, la lista de valores que yo mismo preparé para mi uso personal (puedes descargarla gratis en mi página web www.marcreklau.com). De ellos elige 10. Puedes agrupar los valores en categorías. A continuación, de esos 10 valores, selecciona los 4 que sientes más afines a ti, los que en este momento consideras más acordes contigo. Ten en cuenta que los valores a veces cambian con el tiempo.

Las siguientes preguntas te llevarán a conocer más acerca de tus valores:

- ☑ ¿Cuándo me siento auténtico?
- ☑ ¿Cuándo me siento más yo mismo?
- ☑ ¿Cuándo emerge mi verdadero yo?
- ☑ ¿Cuándo me siento más vivo?
- ☑ ¿Qué es muy importante en mi vida?
- ☑ ¿Qué es lo que da sentido a mi vida?
- ☑ ¿Qué estoy haciendo normalmente cuando experimento ese sentimiento de paz interior?
- ☑ ¿Qué actividad me resulta tan absorbente y entretenida que, por lo general, pierdo la noción del tiempo cuando la realizo?
- ☑ ¿Con qué actividades disfruto más?
- ☑ ¿Qué momentos me traen alegría y plenitud?

☑ ¿Qué no puedo soportar?

☑ Piensa en algunas de las personas que admiras. ¿Por qué los admiras? ¿Qué clase de cualidades admiras en ellas?

ENCUENTRA TU PROPÓSITO

«Los dos días más importantes de tu vida son el día en que naces y el día en que averiguas por qué». Me encanta esta frase de Mark Twain. Probablemente porque tardé tanto tiempo en encontrar mi propósito en la vida. Una de las cosas más importantes a lo largo del viaje de tu vida, y uno de los ingredientes clave para tu felicidad, es descubrir tu propósito, que significa hacer lo que te gusta hacer.

Si sientes que estás conduciendo sin una hoja de ruta ni GPS y realmente no sabes dónde ir, o si nunca sabes lo que estás haciendo aquí y por qué, y te sientes un poco perdido y vacío, entonces eso es una señal de que aún no has encontrado tu propósito. Y, a juzgar por lo que oigo y leo, tenemos una generación entera que tiene este mismo problema. No te preocupes, se puede arreglar. Puedes encontrar pistas para tu propósito examinando tus valores, tus habilidades, tus pasiones y tus ambiciones, y echando un vistazo a tus fortalezas, a lo que haces muy bien.

Siempre les digo a mis estudiantes: «No puedes esconderte de tu propósito, o al menos no para siempre. Puedes negarte a aceptar la llamada cuando la escuches la primera vez, puedes huir, puedes esconderte por un tiempo, puedes buscar distracciones, pero tarde o temprano tendrás que acudir a tu llamada y, en el momento en que encuentras el coraje necesario para hacerlo, todo cambia».

Tus respuestas a preguntas como «¿Qué haría si el éxito estuviera garantizado?» o «¿Qué haría si tuviera diez millones de dólares, siete casas y hubiera viajado a todos mis destinos favoritos?», te conducirán a tu propósito.

Evité responder a estas preguntas durante 17 años. En mi caso, las respuestas eran las mismas cuando tenía 23 años que a los 40 años: quería escribir libros, quería inspirar a la gente y mostrarles que una vida feliz es posible, incluso si hubiera que superar las circunstancias más terribles. Quería viajar por el mundo y hablar sobre cómo hacerlo. Cuando tenía 23 años no tuve el coraje de asumir este papel y tuve que tomar un «desvío», que duró diecisiete años llenos de grandes experiencias que me convirtieron en la persona que soy ahora. Y, para ser honesto, no sé si finalmente habría respondido a la llamada de no haber sido despedido de mi trabajo. Hace tres años asumí mi papel y, desde entonces, las cosas han comenzado a ponerse en su sitio. Suena un poco a magia, pero cuando has encontrado tu propósito las cosas empiezan a «caer» en su lugar. Comenzarás a atraer a personas, oportunidades y recursos de forma natural y empezarán a suceder cosas increíbles. Nada atrae más al éxito que alguien que está haciendo lo que le gusta hacer.

Aquí tienes más preguntas que deberían ayudarte. Ten el coraje de respondértelas a ti mismo y anótalas. Nadie más que tú puede ver las respuestas. No te saltes estas preguntas, como hice yo durante más de veinte años. Cuando finalmente decidí responderlas, todo cambió.

¿Alguna vez te has preguntado cuál es tu misión, tu vocación, tu propósito? Te lo estoy preguntando porque el gran problema de nuestro tiempo es que no nos tomamos el tiempo necesario para pensar en estas preguntas. A veces, porque tenemos miedo de la respuesta. Te recomiendo encarecidamente que respondas a las siguientes preguntas AHORA:

☑ ¿Quién soy?
☑ ¿Por qué estoy aquí?

☑ ¿Por qué existo?

☑ ¿Qué es lo que realmente quiero hacer con mi vida?

☑ ¿Cuándo me siento plenamente vivo?

☑ ¿Cuáles fueron los momentos más destacados de mi vida?

☑ ¿Qué estoy haciendo cuando pasa el tiempo volando?

☑ ¿Qué me inspira?

☑ ¿Cuáles son mis mayores fortalezas?

☑ ¿Qué haría si el éxito estuviera garantizado?

☑ ¿Qué haría si tuviera diez millones de dólares, siete casas y hubiera viajado por todo el mundo?

Encuentra sentido a tu trabajo

¿Cuál es tu propósito en el trabajo? ¿Cuántas personas conoces que siguen su vocación y están trabajando realmente en lo que les gusta? Lo cierto es que no conozco a muchos. Pero es posible.

Por lo general, en tu puesto de trabajo caes en una de estas tres categorías:

1. Tienes un **TRABAJO**. Tu motivación es tu paga o tu sueldo mensual. Es una faena. La mayoría de las veces no disfrutas de tu trabajo, pero tienes que hacerlo. No esperas mucho de ello y esperas con ansia el próximo sueldo, la paga extra, el fin de semana o las vacaciones.

2. Quizás tienes una **CARRERA**. Tus motivaciones son el dinero, el avance, llegar a la siguiente etapa, ser promocionado. Es una carrera a la cima y tú estás en ella para ganar. Quieres más prestigio, más poder, más dinero y siempre estás esperando la próxima promoción. Esta es la vida típica del *rat*

racer, el competitivo e implacable participante en la «carrera de codazos» laboral.

3. Los afortunados están en el tercer grupo. Están trabajando en su **VOCACIÓN:** Tienen metas que les inspiran y una misión en su puesto de trabajo. Para ellos su trabajo es un privilegio. Quieren hacer exactamente lo que hacen. Están tristes cuando llega el viernes y se emocionan los domingos por la tarde, porque al día siguiente pueden volver a trabajar.

Ahora viene la gran noticia.

El descubrimiento más interesante en torno a este asunto es que **tu felicidad no depende tanto del trabajo que realices, sino de tu percepción de ese trabajo.** Hay muchos estudios sobre este tema. En uno de ellos, por ejemplo, los limpiadores de un hospital fueron capaces de ver su trabajo como una vocación. Percibieron su trabajo como algo muy importante para el funcionamiento del hospital. Después de hablar con pacientes, enfermeras y médicos, sintieron que su labor contribuía a mejorar la vida en el hospital.

En ese mismo hospital había médicos que veían su trabajo como eso, un trabajo. Y, por supuesto, había médicos que veían su trabajo como una vocación y limpiadores que veían su trabajo como una tarea.

Lo que quiero decir es que **siempre hay componentes positivos en cualquier trabajo** y las personas que se queman no los ven. Al final, una vez más, eres tú quien decide cómo percibir tu trabajo. ¿Qué hay de positivo en tu trabajo?

Entonces, ¿qué pasa si te sientes quemado en tu trabajo y/o tu trabajo ya no tiene sentido para ti? Tienes tres opciones (en realidad, si lo miras mejor, tienes muchas más de tres opciones, pero para simplificar el ejemplo, veamos solo tres).

Así que odias tu trabajo, estás cansado de él, te pone enfermo; pero te quedas, porque no tienes —o no ves—

alternativas. Una vez llegado a este punto puedes dejar tu trabajo (que es la opción A); puedes quedarte, y amargarte y frustrarte (que es la opción B); o (opción C) puedes cambiar tu forma de interpretar tu trabajo, y ver si puedes descubrir un propósito en tu trabajo actual. Puedes **elegir** percibir tu trabajo de manera diferente. Puedes cambiar tus expectativas hacia tu trabajo y también reflexionar sobre lo que estás buscando en tu trabajo, no importa si se trata del actual o del próximo.

Yo he pasado por eso, he estado exactamente en este mismo punto. Quemado, cansado de mi trabajo, no le veía más sentido, pero por miedo y falta de coraje me quedé en la empresa. Un día tuve una pelea terrible con mi jefe, lo que hizo que él quisiera despedirme de inmediato… hasta que vio el importe de mi finiquito. Luego cambió rápidamente de opinión y trató de arreglar las cosas, y yo estuve de acuerdo, lo que por mi parte, financieramente, resultó ser una decisión muy estúpida que me costó mucho dinero.

Por otro lado ese día encontré un nuevo propósito en mi trabajo. Sabía que mis días en la empresa estaban contados y cambié de perspectiva. Decidí ahorrar cada mes tanto dinero como pudiera, para tener ahorros equivalentes a 12-18 meses el importe de mi sueldo. Tener esta cantidad ahorrada significaría que podría dejar el trabajo y montar mi propio negocio, o contar con tiempo suficiente para encontrar un nuevo trabajo. De repente, volvía a ser fácil ir a trabajar cada día. Tenía una nueva meta y propósito: ahorrar dinero.

Una cosa más, antes de que me olvide. No todo es blanco o negro. A veces, por ejemplo, si tienes que estar en un trabajo que no te gusta para luego poder trabajar en tu vocación. Siempre puedes decidir poner tu foco en lo que da sentido a tu trabajo actual, cómo lo percibes, y ponerte objetivos que te conduzcan a un mayor rendimiento y mayor felicidad en tu trabajo.

7

Los gemelos feos:
EL PERFECCIONISMO Y EL FRACASO

¿Recuerdas la pregunta sobre la que gravita este libro?: «**¿Cómo puedo ser más feliz?**». Pues bien, otro paso en el camino para ser más feliz es ser cada vez menos perfeccionista.

Si no eres perfeccionista te puedes saltar este capítulo, o quizás mejor es que lo leas, porque a veces los perfeccionistas piensas que no lo son...

Ahora bien. Si eres perfeccionista podrías pensar «¡Ni hablar!» No puedo abandonar mi perfeccionismo. ¡Significaría que tengo que renunciar a mi ambición!». Pues vuelve a pensarlo, porque no es así. Probablemente serás aún más ambicioso.

En este capítulo quiero mostrarte una manera diferente de enfocar el viaje de tu vida, cada paso del camino y, especialmente, el fracaso. Hablaremos del perfeccionismo, examinaremos las características de un perfeccionista, las consecuencias del perfeccionismo y veremos cómo es posible ser a la vez exitoso y feliz. Investigaremos de dónde viene el perfeccionismo, cómo superarlo y cómo ayudar a otras personas a superarlo. Paulo Coelho da al clavo cuando dice: «Solo hay una cosa que hace imposible lograr un sueño: el miedo al fracaso». El miedo al fracaso es el asesino número uno de los sueños, porque la mayoría de la gente tiene mucho miedo al fracaso.

Aprenderás que no tienes que renunciar a la ambición, no vamos a renunciar a trabajar duro; por desgracia, tampoco podremos evitar el dolor que provoca el fracaso, porque es inevitable. Aprenderemos a tener un enfoque más racional, más provechoso y más motivador del fracaso. Tal vez como hizo Napoleón Hill, que señaló: «Cada adversidad, cada fracaso, cada angustia lleva consigo la semilla de un beneficio igual o mayor». Quiero que vengas conmigo y aprendas a ver el fracaso como una experiencia de aprendizaje, que es necesaria para tu crecimiento y te proporciona información y motivación, no como algo terrible.

¿Qué pasaría si pudieras abrazar la idea de que, en realidad, el fracaso es una señal que apunta directamente hacia el progreso? ¿Por qué no adoptar la «mentalidad Edison»? Edison es autor de declaraciones tan impactantes como «Fallé hacia el éxito» o «No he fracasado. Simplemente acabo de encontrar 10.000 formas que no funcionan». Esta mentalidad es lo que hizo de él ese gran inventor del que toda la humanidad se ha beneficiado —tiene más de 1000 patentes a su nombre—: este tío no se dio por vencido.

Si tienes la necesidad, la compulsión, de que todo tiene que ser perfecto, estás condenado a encontrar la infelicidad porque —a ver si lo adivinas— **la perfección no existe**. Puedes intentar aproximarte lo más posible a ella, y debería ser una meta, pero al mismo tiempo hay que aceptar que no existe. La buena noticia es que no tienes que ser perfecto.

En palabras de la novelista George Elliot:

El importante trabajo de conseguir que el mundo avance no puede esperar a que lo acometan hombres perfectos.

Si no aprendes a fallar, no aprendes

Tómate un minuto e intenta recordar. ¿Cómo aprendiste a caminar? ¿Cómo aprendiste a comer? ¿Cómo aprendiste a dibujar? Correcto. Intentándolo una y otra vez. ¿Podrías haber conseguido caminar sin haberte caído antes cientos de veces? ¿A comer sin haber puesto perdido de papilla todo lo que tenías cerca? Para hacer todo lo que haces hoy de forma prácticamente automática has tenido que practicar. Como niños que hemos sido lo sabemos bien: disfrutábamos de la alegría de aprender. Nos gustaba caer y levantarnos de nuevo. Y luego esta alegría desaparece... ¿Cuándo desaparece? ¿A dónde va?

La perdemos cuando llegamos a cierta edad y notamos que la gente nos mira. De repente queremos mantener una determinada imagen, infalible. De repente evitamos enfrentarnos a lo que desconocemos o no dominamos lo suficiente, en lugar de intentarlo, porque «¿qué pasa si fallo», «¿qué pasa si ella dice que no?», «¿qué pasa si a mis compañeros de clase no les gusta lo que digo?». Y así sucesivamente.

Y pagamos un precio alto por no enfrentarnos a las cosas. Es alto porque afecta a muchas cosas: a nuestra autoestima, a nuestra confianza, a nuestra resistencia y, por lo tanto, a nuestros niveles de felicidad a largo plazo.

Recuerda cómo aprendes. Te caes y luego te levantas de nuevo. Fallas el tiro y luego das en la diana. Esa es la única manera. Así es como creces, así aprendes. Así es como te vuelves más resistente, más feliz y más exitoso. Intentándolo y fallando, intentándolo y fallando, y vas y lo logras, y vuelves a intentarlo y fallas de nuevo. Aceptando tus errores como resultados y aprendiendo de ellos.

Como dice Tal Ben-Shahar: «**O aprendes a fallar o no aprendes**».

TIENES QUE aceptar que fracasarás de vez en cuando. Espero que fracases muchas veces, porque cuanto más veces fracases, más éxito tendrás. Es un juego de números. Edward Hubbard tenía toda la razón cuando dijo: «El mayor error que un hombre puede cometer es tener miedo de cometer uno».

Prepárate para el fracaso. Prepárate para el peor de los casos: «¿Qué pasaría si...?».

Cuidado... dije «prepárate», no «espera» —ya conoces el poder de nuestras creencias y expectativas—. Así que, en el peor de los casos, fracasas. ¿Y qué? Aprendes algo. No es cómodo. Duele, pero volverás a recuperarte, como hiciste antes. Eso es.

¡He fallado tantas veces en los últimos tres años! Mucho más que en cualquier otro momento de mi vida anterior. También he tenido mucho más éxito del que jamás había tenido antes. Todos esos fracasos han valido la pena. ¿Y sabes qué? ¡Cada vez que fracasas, dominas mejor el fracaso! Duele cada vez menos. Si quieres tener más éxito, fracasa más aún.

Si has leído mi libro *30 días* conocerás los siguientes ejemplos. No me cansaré de repetirlos, por su valor inspirador en nuestra lucha contra el miedo al fracaso.

He aquí una historia de un famoso «fracasado» que, literalmente, falló muchos pasos en su camino hacia el éxito:

1832 Pierde su trabajo.
1832 Es derrotado en las elecciones legislativas.
1833 Fracasa en su negocio.

1834 Es elegido para la legislatura.

1835 Muere su amante (Ann Rutledge).

1836 Tiene un colapso nervioso.

1838 Es derrotado en la elección de portavoz.

1843 Es derrotado en la nominación para el Congreso.

1848 Pierde la reelección.

1849 Es rechazado para el cargo de *land officer*.

1854 Es derrotado en elecciones para el Senado.

1856 Pierde la nominación a la vicepresidencia.

1858 Vuelve a ser derrotado en elecciones para el Senado.

1860 Es elegido presidente.

Este récord de fracasos forma parte de la historia de **Abraham Lincoln,** un hombre al que no calificaríamos exactamente como un fracasado, ¿no?

Y aquí algunos famosos fracasos más:

- ☑ **Michael Jordan:** eliminado del equipo de baloncesto de su instituto.
- ☑ **Steven Spielberg:** rechazado tres veces en la escuela de cine.
- ☑ **Walt Disney:** despedido por el editor de un periódico por falta de ideas e imaginación.
- ☑ **Albert Einstein:** no consiguió hablar hasta que tenía 4 años y su expediente escolar era francamente malo.
- ☑ **John Grisham:** su primera novela fue rechazada por dieciséis agentes y doce editoriales.
- ☑ **J. K. Rowling:** era una madre divorciada en paro cuando concibió a Harry Potter.
- ☑ **Stephen King:** su primer libro, *Carrie,* fue rechazado treinta veces. Frustrado, tiró el manuscrito a la papelera. Su esposa lo recuperó y le animó a intentarlo de nuevo.

☑ **Oprah Winfrey:** despedida de su trabajo como presentadora por ser considerada «no apta para la televisión».

☑ **The Beatles:** una compañía discográfica dijo que no tenían «ningún futuro en la industria de la música».

Así que simplemente hazlo. Actúa. Prepárate para fallar. Falla y aprende de ello. Recuerda que en la mayoría de los casos los atletas más exitosos son también los que han fracasado más, como Babe Ruth o Michael Jordan.

La perseverancia es más importante que el talento, la inteligencia o la estrategia. Es una gran virtud no rendirse jamás. Cuando la vida no va de acuerdo con tus planes, sigue avanzando, no importa lo pequeños que sean tus pasos. Los dos primeros hábitos que decidirán entre el éxito y el fracaso, entre el cambio real y permanecer en el mismo lugar son la paciencia y la perseverancia.

Es muy posible que antes de que llegue el éxito tengas que enfrentarte a algunos obstáculos en tu camino. Si sus planes no funcionan, míralo como una derrota temporal, no como un fracaso permanente. Revisa tu plan, dale una vuelta, ajústalo e inténtalo de nuevo. Inténtalo, inténtalo, inténtalo, inténtalo y vuelve a intentarlo. Si todavía no funciona, vuelve a revisar el plan y adáptalo lo que haga falta hasta que funcione. ¡La mayoría de la gente se rinde porque les falta paciencia y perseverancia para elaborar nuevos planes! Solo una cosa: no confundas esto con perseguir empecinadamente un plan que no funciona. Si algo no funciona… ¡cámbialo!

Perseverancia significa no rendirse y enfocarse hacia el logro de tu meta. Cuando encuentres obstáculos, ten paciencia. Cuando experimentes retrocesos, ten paciencia. Cuando las cosas no están sucediendo como quieres, o en el tiempo que creías, ten paciencia. Personalmente sigo la receta para el éxito de Thomas Alva Edison y lo recuerdo siempre cuando estoy luchando y estoy a punto de darme por vencido: **«La forma más segura de tener éxito es intentarlo siempre solo una vez más»**.

En el ámbito de los negocios esto significa que las organizaciones o grupos que permiten a sus empleados cometer errores, a caer sin miedo a las consecuencias, tienen significativamente más éxito. Estas son las organizaciones que aprenden, donde los empleados constantemente aprenden y crecen y están cada vez mejor y mejor.

Circula por ahí una historia, que algunos atribuyen a IBM y otros a Southwest Airlines, sobre un empleado cometió un error estratégico: perdió un millón de dólares para la compañía. Así que al día siguiente va a ver a su jefe y le entrega su carta de dimisión.

Y su jefe pregunta: «¿Y esto, por qué?» El empleado responde: «Acabo de cometer un error que le ha costado a la empresa un millón de dólares». A lo que el jefe contesta: «De ninguna manera. No aceptaré tu renuncia. ¡Acabo de invertir un millón de dólares en tu formación!».

En su libro *Geeks y Geezers*, Warren Bennis compara personas exitosas y con liderazgo pertenecientes a dos generaciones distintas: los de la generación más reciente iniciaban la treintena, mientras que los de la generación anterior tenían entre 70, 80 y 90 años de edad.

Observó una serie de diferencias significativas, muy interesantes, entre ambas generaciones como, por ejemplo, el equilibrio entre trabajo y vida privada. Si bien esto era muy importante para los más jóvenes, los de la generación anterior ni siquiera sabían lo que significaba. Pero tanto los *juniors* como los *seniors* tenían al menos una cosa en común: todos ellos habían sufrido al menos un fracaso significativo, una crisis real o una pérdida importante: perder su trabajo, haber sido menospreciados o insultados en algún momento de su trayectoria, o la pérdida de un ser querido. Ambos grupos vieron ese momento como un punto de inflexión en su vida. Cuando experimentaron esa situación hicieron frente a ella como mejor pudieron. Todos ellos lo vieron como una oportunidad de aprendizaje, una experiencia vital o un escalón hacia el crecimiento.

¿Y porqué hablo tanto del fracaso si íbamos a hablar del perfeccionismo?

Porque el perfeccionismo está estrechamente ligado al miedo al fracaso. Su raíz es el establecimiento de estándares altos, casi inalcanzables, acompañados por una autoevaluación extremadamente crítica y referida a lo que otras personas podrían pensar de nosotros. Y aunque los perfeccionistas buscan el éxito, en su mayoría se concentran en evitar el fracaso (ojo con dónde se pone el foco). Hay una enorme diferencia entre exigir la perfección y ser una persona comprometida con la excelencia. Se trata de tu enfoque hacia la vida, hacia el viaje, hacia el proceso de llegar del punto A al punto B. No tiene nada que ver con la ambición.

LAS CARACTERÍSTICAS DEL PERFECCIONISTA

Como suele decirse, una imagen vale más que mil palabras:

❶ Perfeccionista	❷ Persona comprometida con la excelencia

¿Cuál de los dos enfoques te parece realista? Personalmente, no conozco a nadie que haya tenido éxito con el enfoque ❶, porque es inviable. Simplemente no hay línea recta de A a B. No es realista. Es una fantasía. Y si tenemos este esquema en nuestra mente estamos condenados a una vida de infelicidad y frustración. Es como no aceptar la ley de la gravedad. Muchas personas que piensan que el enfoque ❶ es posible están constantemente frustrados.

Permíteme dejar una cosa clara: la opción ❷ no significa que nos guste el fracaso. Pero la primera solución, además de vedarnos el disfrute derivado de aprender del fracaso, nos reporta la frustración de no aceptar la realidad. En la siguiente tabla verás las principales diferencias entre una persona perfeccionista y otra comprometida con la excelencia.

Las consecuencias de la mentalidad perfeccionista es que solo experimenta —en el mejor de los casos— un alivio temporal, mientras que una persona comprometida con la excelencia disfruta del viaje y obtiene niveles mucho más altos de felicidad. Una persona comprometida con la excelencia no solo busca un alivio temporal, sino una satisfacción duradera. Tiene los altibajos que todos tenemos, pero también es capaz de disfrutar de cada día (cenas, tiempo libre, lectura), agradeciéndolo.

❶ Perfeccionista	❷ Comprometida con la excelencia
Siempre a la defensiva (en argumentos). No le gusta la crítica. «Hay algo que no estoy haciendo muy bien».	Abierta. Acoge con beneplácito sugerencias y críticas (lo que no significa que disfrute con ellas, pero las considera parte del crecimiento y del desarrollo).

❶ Perfeccionista	❷ Comprometida con la excelencia
Constantemente centrado en lo que no funciona (vaso medio vacío). Obsesionado con el fracaso.	El vaso está medio lleno. Disfruta de cada paso del camino. Incluso el fracaso es una oportunidad para avanzar.
Sobregeneraliza: todo o nada. «O soy perfecto o soy un fracaso».	Realista: progreso.
No hay aceptación de uno mismo.	Aceptación de la realidad, aceptación del fracaso personal, aceptación del yo.
Solo hay una manera de hacer las cosas. No hay lugar para la improvisación o la desviación. No hay prueba y error.	Flexibilidad, espontaneidad.
Aterrorizado por el fracaso. Internamente, pero también que otros lo vean como un fracaso.	Fracaso como retroalimentación, oportunidad de crecimiento.
El objetivo único es llegar a B	Tanto el viaje como el destino forman parte del éxito.

Así que la pregunta que tienes que hacerte es: **¿qué tipo de vida quiero para mí?**

LAS CONSECUENCIAS DEL PERFECCIONISMO

Los perfeccionistas a menudo pierden tiempo. Su mentalidad es: TODO o NADA. O entrego un informe perfecto o ninguno; o saco un sobresaliente o suspendo el examen; o no pruebo ni un trozo de tarta o la devoro completa; o escribo un libro perfecto o no escribo ni un párrafo. Supermodelo o sobrepeso. Es un punto de vista muy destructivo y dañino en muchos niveles. No me malinterpretes, hay lugares y profesiones donde se requiere perfeccionismo —por ejemplo, en urgencias o en cirugía—, pero en muchas otras áreas de nuestra vida no es necesario y, en términos de felicidad, el perfeccionismo nos hace daño. La sensación constante de fracaso y falta de autoaceptación daña nuestra autoestima. Si constantemente te percibes como un fracasado, es casi imposible tener una alta autoestima.

Debido a su miedo al fracaso, los perfeccionistas son menos propensos a asumir retos, menos propensos a arriesgarse. Por desgracia para ellos, estos son dos de los ingredientes principales para el éxito personal y la felicidad. Además, este miedo constante al fracaso también conduce a la ansiedad y al estrés.

El perfeccionismo también perjudica las relaciones, porque los perfeccionistas muchas veces son muy sensibles a la crítica y están constantemente a la defensiva, o peor aún, esperan que sus relaciones (familia, amigos, pareja) sean perfectas. Si esperas que tu pareja sea perfecta, inevitablemente quedarás decepcionado. Esto conduce a la frustración y al rechazo de la pareja, lo que suele perjudicar la relación.

El perfeccionismo es también el enemigo de la creatividad. Cuando estás obsesionado con el perfeccionismo, también eres mucho menos propenso a actuar. Eso es lo que hace que el perfeccionismo también sea una de las causas primarias de la procrastinación, porque si no actuamos, no fallamos. Así que, al final, no actuamos. O nunca dejamos de actuar, de reescribir el libro una y otra vez, porque aún no es perfecto. Y así pasa el tiempo. Es por eso que muchas personas empiezan un libro y nunca lo terminan.

LAS CAUSAS DEL PERFECCIONISMO

Seremos mucho más propensos a superar el perfeccionismo si sabemos de dónde viene.

No nacemos perfeccionistas. En realidad, cuando somos niños disfrutamos del proceso de aprendizaje mucho más de lo que lo hacemos a medida que vamos creciendo y empezamos a tener miedo a fallar. Los niños caen y se vuelven a levantar sin mayores complejos.

El problema es que, en el esquema de aprendizaje que internalizamos, se refuerza constantemente que lo que importa es la meta. Se recompensa la meta, mientras que el viaje en sí es obviado y no sale en la foto. Creemos que somos aceptados cuando conseguimos una determinada meta (ganar un partido de fútbol, sacar un 10 en mates...). Muy pocas veces se recompensa el viaje en sí, el disfrute del proceso y el fracaso. Este es el tipo de ambiente social en el que nacemos, en el que nos criamos, y es muy difícil de cambiar. Esta enorme, constante presión para ser perfecto está en todas partes. Podemos verla en portadas de revistas y en películas. Está en el lugar de trabajo. Está en las instituciones educativas. Estamos rodeados de modelos poco realistas y de normas imposibles.

¿CÓMO SUPERAR EL PERFECCIONISMO?

Bueno, en primer lugar, como la mayoría de las veces, se trata de autoconciencia, autoconocimiento. Tomar conciencia de lo que queremos y de lo que no queremos. Por ejemplo, yo no quiero estar a la defensiva, quiero lidiar mejor con las críticas, con el fracaso, etc. ¿Cómo puedo hacerlo?

Empieza a enfocarte en ello y **recompénsate el esfuerzo.** Sí. Recompensemos el hecho de intentarlo, incluso los fracasos que hayamos tenido mientras lo intentamos… y luego lo intentamos de nuevo. Otro paso para superar el perfeccionismo es la **aceptación.** Aceptación tanto del exterior como de nosotros mismos. **No tienes que ser perfecto.** Créeme. Así que acepta «cosas» y toma medidas, haz frente a las cosas, arriésgate y, por último, mira tus puntos débiles y utilízalos como una herramienta para crecer.

Cambia introduciendo comportamientos, como, por ejemplo, arriesgando un poquito más cada vez. También puedes utilizar la visualización, imaginándote a ti mismo, viéndote y comportándote como una persona comprometida con la excelencia.

Si tu perfeccionismo te impide escribir un ensayo, un libro o iniciar un proyecto, utiliza la técnica del «primer borrador». Dite a ti mismo que es solo un «borrador», y que lo mejorarás más tarde (como hacen las empresas de *software* con sus versiones 1.1, 1.2, 1.5, etc.).

Esto aliviará la presión que te impones y te ayudará a hacer y finalizar cosas.

Otro gran asunto es aplicarte a ti mismo las mismas reglas que aplicas a los demás, lo que significa **no hacerte a ti mismo lo que no harías a los demás,** o, mejor dicho, trátate a ti mismo como tratarías a un amigo en la misma situación. ¿Qué harías si un amigo falla terriblemente? ¿O si comete un error? Si eres perfeccionista estoy seguro de que serías mucho más amable con él que lo eres contigo mismo en una situación similar. ¿Verdad? Acepta el fracaso en ti mismo de la misma manera que lo aceptarías en otros que amas y en los que confías. No te trates a ti mismo de manera distinta a como tratas a los demás. Sé amable contigo mismo, ¿OK?

¿PODEMOS AYUDAR A OTRAS PERSONAS A SUPERAR SU PERFECCIONISMO?

Esta es una tarea extremadamente difícil. La voluntad de cambiar tiene que venir desde dentro. Muchos de nosotros lo aprendemos de la manera más difícil: no podemos ayudar a las personas que no quieren ayuda. Son ellos mismos quienes realmente tienen que querer cambiar. Y recuerda siempre que el cambio lleva su tiempo y no sucede de la noche a la mañana.

Lo que puedes hacer es convertirte un ejemplo. Si tú puedes cambiar, si tú puedes convertirte en una persona comprometida con la excelencia, en una persona que disfruta del viaje, si eres capaz incluso de celebrar los fracasos, si incluso te permites caer de vez en cuando, entonces estás liderando con el ejemplo.

La gente siempre preferirá hacer lo que haces que hacer lo que dices. Comparte tus experiencias, cuenta tus historias. Recompensa el esfuerzo, recompensa el viaje, recompensa el intento diciendo «qué gran intento, la próxima vez lo haremos incluso mejor».

¿CÓMO LIDIAR CON EL PERFECCIONISMO?

Además de las formas de enfrentarse al perfeccionismo de las que ya hemos hablado aquí, hay algunas más:

1. **Aceptación.** Es lo que, con otras palabras, Tal Ben-Shahar llama el **«permiso para ser humano»**. Acep-

tar las emociones. Aceptar que es difícil. Aceptar la realidad. Algo acaba de pasar. No puedo cambiarlo, pero lo que puedo cambiar es mi interpretación de lo que ha pasado.

2. **Reencuadre.** ¿Qué oportunidad de crecimiento me aporta esta situación? ¿Qué puedo aprender de esto?

3. **Distracción.** A veces, cuando surge un pensamiento negativo, es mejor distraerse. Darle vueltas y analizarlo demasiado no siempre es la solución. Vete a correr, escucha música, tómate un descanso y vuelve al tema en otro momento, cuando tu mente se haya refrescado.

4. **Cambio de perspectiva.** Cuando te sientas abrumado pregúntate: ¿esto realmente va a ser importante dentro de diez años? ¿En un año? ¿Vale la pena preocuparme por ello y estar molesto? Chivatazo: la mayoría de las veces no importa.

¿Serás más amable contigo mismo? ¿Sí? Pues de acuerdo. ¡Vamos al capítulo siguiente!

8

VENCIENDO AL ASESINO SILENCIOSO

SUPERA EL ESTRÉS

El estrés se ha convertido en una pandemia global. Las encuestas realizadas a nivel nacional en las mejores universidades de Estados Unidos muestran que el 45 % de los estudiantes experimentan depresión hasta niveles inhabilitantes y que el 94 % se sienten abrumados, lo cual es el resultado evidente de lidiar con demasiadas cosas en muy poco tiempo.

Sentirse abrumado conduce al estrés y a la ansiedad, lo que a su vez genera una mayor probabilidad de padecer depresión. Muchos médicos estiman que cerca del 80 % de nuestras enfermedades físicas son resultado del estrés, porque el estrés debilita nuestro sistema inmunológico. Es el asesino silencioso.

La causa global n.º 1 para la pérdida de jornadas de
trabajo es de origen psicológico, ya sea el estrés o las emociones, sensaciones y experiencias relacionadas con él.

La psicología convencional, que enfocaba sus estudios
sobre el estrés partiendo de la pregunta «¿Por qué tantas
personas están estresadas?», no obtuvo demasiados progresos; sin embargo, los investigadores de psicología positiva
plantearon los suyos desde esta: «¿Qué hacen las personas
que tienen éxito y son capaces de llevar una vida sana y
feliz?». Es verdad. La mayoría de las personas están estresadas, pero no todas. Hay personas que tienen éxito y al
mismo tiempo llevan una vida sana y feliz. ¿Qué hacen esas
personas? ¿Cómo lidian con el estrés? Pues básicamente:

1. Establecen rituales y hábitos para sí mismos.
2. Establecen rituales y hábitos tanto para el trabajo
   como para el tiempo libre, necesario para recuperarse y desconectar.

Cuando los investigadores estudiaron más sobre el
estrés llegaron a descubrir que el estrés no es realmente
el problema y que incluso puede ser BENEFICIOSO para
nosotros. El estrés desarrolla la resistencia y la fortaleza y,
a largo plazo, nos ayuda a ser más felices. ¡Vaya! Seguro
que esto no te lo esperabas, ¿verdad?

Cuando vas al gimnasio y levantas pesas estás estresan-
do tus músculos, les obligas a esforzarse; ganan en fuerza y
se desarrollan, lo que resulta beneficioso para tu sistema
muscular y, en definitiva, para ti. Levantas pesas un día y,
dos días más tarde, levantas pesas de nuevo, y aplicas esta
misma rutina de entrenamiento una y otra vez a lo largo de
todo un año, al término del cual probablemente parezcas
Arnold Schwarzenegger en sus mejores días. Conclusión: te
estás haciendo más fuerte.

El problema empieza cuando no descansas, cuando no te das tiempo para recuperarte, cuando vas al gimnasio todos los días. Tu sistema muscular empieza a sufrir por el exceso de trabajo y aparecen las disfunciones. A nivel físico pueden ser tirones, roturas fibrilares, etc.; pero también hay consecuencias psicológicas. **El problema es la falta de recuperación.**

Si quieres lidiar eficazmente con el estrés tienes que hacer descansos de vez en cuando. Si no, terminarás pagando un precio. En un plano físico eso significa que te lesionarás. En el plano psicológico significa que experimentarás ansiedad y, en última instancia, *burnout* —síndrome del trabajador quemado o desgaste profesional— y depresión.

Si te das tiempo para recuperarte, el estrés es beneficioso, incluso puede llegar a ser emocionante a veces. Me vienen a la cabeza los días enloquecidos, sumamente estresantes, en mi antiguo trabajo. El estrés era casi insoportable. Creo que mi capacidad para desconectar totalmente después de salir de la oficina y volver a conectar el día siguiente, apenas cinco minutos antes de entrar en la oficina, me ha ahorrado un montón de problemas. De esta manera, la mayoría los días estresantes me resultaban también muy emocionantes, con muchos subidones y risas.

Un buen truco es cambiar la forma de trabajar. Uno de los métodos más eficaces y eficientes es trabajar en bloques de tiempo. Eso significa trabajar duro y enfocado entre 60 y 90 minutos y luego concederse una pausa para la recuperación de, al menos, 15 minutos. En esta pausa podrías practicar un poco de meditación, escuchar tu música favorita, almorzar con atención, hacer un poco de yoga. Inténtalo. Experimenta con ello. Si organizas tu jornada laboral de esta manera tendrás más energía, serás más creativo, mucho más productivo y más feliz. Si estás en una empresa solo tendrás que convencer a tu jefe. Los últimos estudios sobre rendimiento laboral demuestran que este sistema es realmente eficaz. Si no le convences, que me invite a dar una charla en tu empresa :-). Lo que funciona en las mejores y más exitosas empresas, ¿por qué no va a funcionar en la tuya?

Por supuesto, no debes aplicar este esquema rígidamente, sino adaptarlo con flexibilidad a tus propias circunstancias. Puedes trabajar dos horas seguidas, por ejemplo, y luego darte una hora de descanso. Cuando estoy en *flow* a veces logro trabajar concentrado durante cuatro horas y luego hago una pausa de dos a tres horas para comer, dar un paseo por la playa y hacer una siesta, y a veces tal vez incluso me recompenso por el buen trabajo realizado con un capítulo de *Juego de tronos*.

Organiza tu jornada laboral de un modo parecido a lo que acabo de describir, tómate al menos un día de descanso a la semana, duerme bien por la noche, y por último, tómate unas vacaciones con regularidad. Nuestro problema es que vamos por la vida como si estuviéramos en una carrera constante, hasta el punto que dejamos de percibir la belleza que nos rodea. Damos todo por sentado y no nos damos tiempo para apreciar mejor las cosas.

SAL DEL MODO «MULTITAREA»

La solución para conseguirlo: simplificar. Suprime actividades. Haz menos cosas. Ten menos compromisos. Todo esto afecta a cada área de tu vida. Si para ti la pausa de la comida es un tiempo de descanso y recuperación, pero lo usas para leer correos electrónicos y hacer llamadas telefónicas, no te estás recuperando. Estás añadiendo más estrés. Para recuperarte debes centrarte solo en tu comida, o centrarte solo en pasar tiempo con tus amigos y tu familia, sin hacer nada más.

En posiciones de liderazgo a veces no es posible eliminar totalmente el modo multitarea, pero es posible acotarlo. Después de leer el siguiente estudio deberías considerar seriamente si vas a trabajar con tu correo electrónico abierto todo el tiempo.

Un estudio realizado en la Universidad de Londres concluyó que cuando tienes tu correo electrónico activo mientras haces un trabajo que requiere concentración es como si restaras 10 puntos a tu cociente intelectual, que es el mismo efecto que estar 36 horas sin dormir. A título comparativo, te diré que si te fumas un porro tu cociente intelectual solo se reduciría en 4 puntos. Estos son los efectos del modo multitarea...

Si cierras tu correo electrónico durante dos o tres horas no sucederá nada, como tampoco sucederá nada si tu teléfono está apagado de dos a tres horas (a menos que seas conductor de ambulancias o médico, en cuyo caso es mejor que lo mantengas encendido). Además, hay muchos estudios que demuestran que apagar tus dispositivos electrónicos durante unas horas te hará mucho más productivo, no solo porque tu cociente intelectual no sufre merma alguna, sino también porque después de cada distracción —y sí, mirar tu email o tus mensajes del Whatsapp 30 veces por hora son 30 distracciones— necesitarás de 5 a 25 minutos para volver a enfocarte.

Muchas veces hacer menos es hacer mucho más. Aplicando estos pequeños trucos tu productividad y tu satisfacción en el trabajo aumentarán. Hazte a ti mismo las siguientes preguntas:

- ☑ ¿Qué es lo que realmente quiero hacer?
- ☑ ¿Dónde necesito simplificar?
- ☑ ¿Dónde necesito hacer más?
- ☑ ¿Dónde estoy postergando?

Otra forma de ganar mucho tiempo y tener menos estrés es aprender a decir NO. No a algunos requerimientos que te hace la gente, a algunas oportunidades, a algunas ofertas. Simplificar, simplificar, simplificar.

Derrota a la procrastinación

La procrastinación, la tendencia a postergar o retrasar acciones o decisiones, se asocia con niveles más bajos de felicidad, un sistema inmunológico físico debilitado, mayores niveles de estrés, ansiedad y, en casos extremos, depresión. Entonces, ¿cómo podemos deshacernos de ella? Hay muchísimos libros sobre el tema. Aquí te apunto, a modo de resumen, las seis mejores maneras de superar la procrastinación:

1. **Ponte a ello.** Prométete a ti mismo que estarás al menos 10 minutos mano a mano con la tarea que intentas demorar. Muchas veces pensamos que tenemos que estar inspirados para empezar a trabajar. Eso no es cierto. La mayoría de las veces primero tenemos que empezar a trabajar para que llegue la inspiración. Así que... *just do it!*

2. **Recompénsate** por la tarea realizada. Mira un capítulo de tu serie favorita o date un paseo.

3. **Haz públicos los plazos** que te has marcado. Ponte fechas limite y comunícalas a tus amigos o en las redes sociales.

4. **Forma equipo.** Trabaja con otras personas. (No es la mejor solución para todo el mundo, pero ayuda a la mayoría de la gente).

5. **Pon por escrito** tus objetivos, tus planes; haz listas y comienza a trabajar en ellos.

6. **Date permiso para recuperarte.** Procrastina a propósito. No eres una máquina.

Si quieres más trucos sobre la gestión del tiempo o la productividad, puedes encontrar toda una colección de ellos en mi libro *La revolución de la productividad,* que está disponible en Amazon.

9

Aumenta tu autoestima

De todos los juicios que hacemos en nuestra vida,
ninguno es tan importante como el que emitimos
sobre nosotros mismos.
Nathaniel Braden

El mayor mal que puede ocurrirle a un hombre
es que llegue a pensar mal de sí mismo.
Goethe

La autoestima. Es un asunto tan capital que uno de mis próximos libros estará enteramente dedicado a la autoestima. Cuando analizo los problemas que tienen ante sí mis clientes cuando acuden a mí, compruebo que la mayoría de las veces tienen su origen en una falta de autoestima. Muchas de los asuntos que abordo en este libro, como relaciones saludables, felicidad, búsqueda y creación de beneficios, dependen directamente de la autoestima. Como también lo están conseguir o no el aumento de sueldo que estás esperando, los límites que estableces para los demás, la importancia que das a tu tiempo y muchos más.

Una vez más, la pregunta que debes plantearte no es «¿Tengo la autoestima alta o baja?», sino «**¿Cómo puedo mejorar mi autoestima?**». Y a partir de aquí es donde la cosa se pone interesante. A veces la gente asocia demasiada autoestima con arrogancia, presunción y narcisismo. Están totalmente equivocados. La arrogancia o el narcisismo no son señales de autoestima excesiva; al contrario, son síntomas que denotan falta de ella.

Definiciones de autoestima

Albert Bandura, uno de los principales expertos en autoestima, lo define en función de cómo las personas se evalúan a sí mismas: «Se dice que aquellos que expresan un autoconcepto negativo tienen baja autoestima, mientras que de las personas que expresan amor propio se dice que se tienen en la más alta estima». La autoestima es «el juicio y los sentimientos sobre el yo». ¿En resumen, piensas que te mereces lo mejor o no? Ojo: esto era una pregunta con truco. Sí, te mereces lo mejor. Si piensas cualquier otra cosa sigue leyendo.

Stanley Coopersmith define la autoestima como «una evaluación que un individuo hace, y mantiene habitualmente, respecto a sí mismo. Expresa una actitud de aprobación o desaprobación y demuestra hasta qué punto un individuo se cree capaz, valioso, exitoso y digno. En resumen, la autoestima es un juicio personal de dignidad que se expresa en las actitudes que un individuo mantiene hacia sí mismo».

La autoestima se refiere a la actitud que tienes hacia ti mismo. Eres tú evaluándote a ti mismo. «La disposición a verse a sí mismo como **competente** para hacer frente a los desafíos de la vida y **digno** de felicidad», como afirma Nathaniel Branden.

Sentirte **competente** y **digno**. Ambos componentes son importantes. Necesitas ambos para tener una buena autoestima. Si te falta uno de ellos tu autoestima será baja. La evaluación o el juicio que hacemos sobre nosotros mismos afecta a cada área de nuestra vida.

La autoestima es muy importante, pero cuando miramos a nuestro alrededor o dentro de nosotros hay margen para mejorar, ¿verdad? Es un trabajo constante, igual que trabajar tu gratitud, tus metas y así sucesivamente. Cuando trabajo con mis clientes de *coaching* siempre trabajo automáticamente la autoestima, porque cuando la autoestima es alta, los problemas y los obstáculos tienden a desaparecer casi mágicamente.

Los beneficios de la autoestima

Tener una alta autoestima implica tener altos niveles de resiliencia. Serás más capaz de lidiar con las dificultades, la ansiedad, la depresión, con los obstáculos a los que inevitablemente tendrás que enfrentarte.

Todas tus relaciones mejorarán, ya sean relaciones románticas, amistades o relaciones familiares. Las personas con alta autoestima también muestran una mayor inteligencia emocional. Y, por último, existe una correlación muy alta entre la autoestima y la felicidad: la autoestima es una de los factores determinantes más importantes para la felicidad.

Por otra parte, una baja autoestima provoca una ansiedad malsana. Esa ansiedad que aparece sin razón aparente, que también se conoce como ansiedad de autoestima. Pero eso no es todo… La baja autoestima también puede causar depresión y muchos síntomas psicosomáticos, incluyendo el insomnio, así como más posibilidades de enfermar porque el sistema inmunológico es más frágil.

Nathaniel Braden considera la autoestima como «el sistema inmunológico de la conciencia», porque cuando tenemos una alta autoestima somos más resistentes psicológicamente. Recuerda: un sistema inmunológico fuerte no significa que nunca vayas a enfermar. Significa que enfermarás con menos frecuencia y, cuando enfermes, te recuperarás más rápido.

Los estudios realizados por los investigadores Brednar y Petersen concluyeron que la baja autoestima es la causa subyacente de la mayoría de los trastornos psicológicos. Además, descubrieron que la autoestima es clave para la comprensión de muchos problemas emocionales y de comportamiento, así como en el tratamiento de la mayoría de ellos —no todos—. Y eso no solo se aplica a nivel individual, sino también a nivel social.

De hecho, en los años noventa hubo un grupo de trabajo realizado por el gobierno de California que consideraba la autoestima como una vacuna social, porque descubrieron que la baja autoestima está asociada con el abuso de sustancias, el embarazo en la adolescencia, el abandono escolar, el crimen y la violencia, mientras que la alta autoestima ayuda a superar estas dolencias sociales.

ALGUNAS OBJECIONES

También hay «peros». A menudo la autoestima se equipara a la arrogancia y la presunción. Si tomas un cuestionario sobre narcisismo, por ejemplo, muchas veces los que tienen un alto nivel de narcisismo también obtendrán una puntuación muy alta en autoestima. ¿Y eso? Una persona narcisista, arrogante, en realidad no tiene una buena autoestima, ¿verdad? Todos sabemos eso, es sentido común. Alguien que entra en una habitación presumiendo, jactándose, pavoneándose de esto o lo otro, que necesita proclamar a los cuatro vientos su valía, no parece tener, en el fondo, muy buen concepto de sí mismo. De hecho, este comportamiento es lo contrario de una autoestima sana. Las personas con los niveles más altos de autoestima son en su mayoría humildes y no necesitan presumir constantemente.

Por desgracia, para medir la autoestima todavía seguimos dependiendo hoy en día de los cuestionarios, y si le preguntas a un narcisista «¿Tienes autoestima alta?» la respuesta será, por supuesto, «Sí». La mayoría de los cuestionarios que se utilizan actualmente no son lo suficientemente sofisticados para diferenciar entre la autoestima verdadera y la pseudo autoestima (= la pretensión de creer en uno mismo y respetarse a sí mismo).

Otra crítica que menciona Tal Ben-Shahar es que una alta autoestima —mal fundada— puede favorecer una evaluación poco realista de la realidad y que eso, en última instancia, nos hace daño. Ben-Shahar trae a colación una prueba de matemáticas, de ámbito internacional, que se realizó con niños de 13 años procedentes de seis países. Los resultados fueron bastante sorprendentes: los coreanos quedaron los primeros mientras que los estadounidenses fueron los últimos, por detrás de España, Irlanda y Canadá. Más sorprendente fue saber que, previamente, a los niños se les había pedido que respondieran afirmativa o negativamente a la declaración «Soy bueno en matemáticas» y que el 68% de los estadounidenses estuvieron de acuerdo con ella. Por lo tanto, aunque objetivamente sus resultados en matemáticas fueran muy inferiores a los de los otros niños de la muestra, los estadounidenses habían recibido el baño de autoestima promovido por los planes de estudio «a la moda», según los cuales había que favorecer que los alumnos se sintieran bien consigo mismos.

Durante mucho tiempo estuvo de moda que los maestros repartieran elogios indiscriminados entre sus alumnos. Pensaban que elevaban la autoestima de sus estudiantes diciéndoles lo maravillosos, brillantes y geniales que eran. El problema es que el elogio indiscriminado no ayuda a largo plazo. Reduce la motivación del estudiante para trabajar, los hace poco realistas y, en realidad, reduce la felicidad que potencialmente podrían haber tenido.

Para construir una sólida autoestima debemos entender su verdadera naturaleza. No es producto de elogios vacíos como «Oh, que maravilloso eres. Eres fabuloso». Es importante distinguir la verdadera autoestima de la falsa autoestima, de la mera pretensión de creer en sí mimo porque sí, sin más fundamento. La pseudoautoestima no es autoestima. Es narcisismo, desapego de la realidad. La autoestima real se basa en la realidad: en el rendimiento real, en el éxito real, en las acciones y resultados reales. Y, sí —probablemente lo hayas visto venir—, es el producto del esfuerzo y el trabajo duro.

Veamos más posturas críticas.

Muchos estudios muestran que las personas con alta autoestima son más generosas, más benevolentes hacia los demás y que generalmente son bondadosas. Son amables. ¡Esas son buenas noticias!

Sin embargo, también hay otros muchos estudios que muestran exactamente lo contrario: que las personas con alta autoestima tienen un comportamiento antisocial, especialmente hacia los más allegados. La autoestima se asocia, en estos estudios, a comportamiento agresivo y no cooperativo.

¿Qué esta pasando ahí? ¿Cómo puede haber contradicciones tan grandes?

Ahondando más en esta cuestión, los investigadores descubrieron que no solo puede hablarse de autoestima alta y baja, sino que también existe una autoestima estable y otra inestable, y esos rasgos antisociales negativos se asocian a las personas que poseen autoestima inestable, mientras que las que tienen autoestima estable tienen todas las características positivas.

Pero aún hay más...

Los tres tipos de autoestima (Tal Ben-Shahar)

Basándose en los trabajos de Lovinger, Maslow, Carl Rogers y Nathaniel Branden, Tal Ben-Shahar estableció tres niveles de autoestima en función de dos parámetros: la dignidad y la competencia.

1. Autoestima altamente dependiente (todo el mundo tiene un poco, lo importante es el grado).
2. Autoestima independiente.
3. Autoestima incondicional.

En la tabla de la página siguiente puedes ver detalladas sus características respectivas.

Con el tiempo la autoestima evoluciona. Se necesita tiempo para convertirse en un individuo del «tercer nivel», con autoestima incondicional. No es algo que suceda de un día para otro. Hace falta trabajo, autoconciencia, caer y levantarse de nuevo, aprender del fracaso. Hace falta aprender a aceptarse a uno mismo, ser abierto, ser vulnerable y cometer errores. Hace falta ser humano. Es un proceso. Se necesita tiempo.

	DIGNIDAD	**COMPETENCIA**
Autoestima altamente dependiente	Necesitan aprobación y disfrutan con ella. Su vida está constantemente afectada por lo que otros piensan y dicen. Adoptan la evaluación ajena como el sentido del yo que tienen. Están motivados principalmente por lo que dicen otras personas. Eligen el trabajo con el más alto nivel social, el de mayor prestigio. Eligen la pareja que piensan que la mayoría de la gente aprobaría. Toman decisiones importantes basándose en la aprobación o desaprobación de otras personas. Tienen miedo a las críticas.	Su sensación de competencia se construye a través de la comparación con otras personas («¿Cómo soy/ estoy en relación con otros?»). Si hacen algo mejor que otros se sienten muy bien. Si otros hacen las cosas mejor que ellos, se sienten mal.
Autoestima independiente	Se valoran según sus propios estándares. Son autodeterminados (valoran por sí mismos lo bueno o malo de sus resultados y sus actos). Tienen en cuenta lo que otras personas dicen de ellos, pero al final son ellos mismos quienes deciden. Buscan críticas para usar como *feedback*.	Su sensación de competencia no procede de la comparación con otros, sino consigo mismos, con su antiguo yo. («¿He mejorado?»). En su mayoría, se centran en sí mismos.

	DIGNIDAD	**COMPETENCIA**
Autoestima incondicional	No hay evaluación. Tienen suficiente confianza para no participar en las evaluaciones.	Interdependientes. No se comparan. Están en el estado de ser. Se sienten cómodos en su propia piel.

¿POR QUÉ ES IMPORTANTE TENER AUTOESTIMA INDEPENDIENTE?

Piénsalo. Las peores atrocidades que se han cometido a lo largo de la historia han sido llevadas a cabo por personas conformistas, obedientes a la autoridad, y por creencias y comportamientos racistas o etnocéntricos. Una persona con autoestima altamente dependiente es mucho más probable que obedezca ciegamente a una figura de autoridad, porque lo que busca es aprobación. Estas personas necesitan ese tipo de líder carismático que les dice que son los mejores, que son superiores. **La raíz de esta necesidad es la baja autoestima.** La sensación de «**no soy lo suficientemente bueno, necesito compararme con los demás**». Las personas con una autoestima alta e independiente tienen menos necesidad de comparación y menos necesidad de mostrarse conformes con el resto.

Cuando cultivamos el amor propio, cultivamos la autoestima. Es entonces más probable que tengamos empatía y que amemos a los demás: ama a tu prójimo como te amas a ti mismo, o ámate como amas a tu prójimo. Tú mismo eres el estándar de cómo evalúas a los demás y, muy a menudo —no siempre— tu comportamiento hacia los demás refleja tu propio comportamiento hacia ti mismo.

Otra razón es que las personas que tienen una autoestima altamente dependiente siempre seguirán el camino que ya se ha tomado, mientras que las personas con una autoestima independiente siguen el camino menos trillado y piensan *out of the box*, de forma divergente y creativa. Y lo que se plantean es: «¿Qué es lo que realmente quiero en mi vida?».

Las personas con autoestima independiente están comprometidas con el aprendizaje continuo, tienen mayores niveles de felicidad y mayor paz interior. No tienen que probarse constantemente ante los demás. En lugar de buscar la aprobación, dicen: «Permíteme expresarme. Quizás no me quieran, y eso me duele. Pero esta bien. Soy resiliente. Soy fuerte. Puedo lidiar con eso».

Melissa Christino encontró una conexión entre la autoestima independiente, la felicidad y el *flow*: las personas con una alta autoestima independiente tenían más probabilidades de experimentar el *flow,* o estado de fluidez, ese maravilloso estado mental de máxima motivación y disfrute, cuando estamos tan inmersos en una actividad que parece que el tiempo vuela. Por su parte, Tal Ben-Shahar concluyó que el narcisismo está conectado con una alta autoestima dependiente.

Las personas con una alta autoestima independiente son generalmente mucho más abiertas, cooperativas, generosas y menos propensas a ser perfeccionistas. Michael Kernis, que estudió el concepto de estabilidad asociado a la autoestima, afirmó: «Podemos predecir si una persona será hostil o generosa, si su autoestima a lo largo del tiempo será mayor o menor. No es la autoestima *per se,* es el grado de estabilidad de su autoestima».

Las personas con autoestima inestable eran más propensas a ser hostiles, mientras que las personas con autoestima estable tenían más probabilidades de ser generosas y benevolentes. La autoestima dependiente se asoció con la inestabilidad, la autoestima independiente con la estabilidad.

Recuerda que el comportamiento modifica la actitud. Pagamos un alto precio psicológico y emocional cuando mentimos, engañamos o somos deshonestos.

Ten mucho cuidado con lo que cuentas. ¿Dices cosas para impresionar que no son ciertas? Cuando dices la verdad el mensaje que te comunicas a ti mismo es que tus palabras son dignas, tus palabras tienen peso, importan. Tú importas. Cuando decimos mentiras, o cuando lo hacemos con el constante deseo de impresionar, nos estamos diciendo a nosotros mismos «**No soy lo suficientemente BUENO tal y como soy.** Necesito ser más, o mejor, para que la otra persona me quiera».

Y tanto nuestra autoestima como nuestra autoconfianza tendrán que encajar un golpe.

¿CÓMO CULTIVAR LA AUTOESTIMA?

Nathaniel Branden expone seis prácticas que son importantes para el cultivo de la autoestima:

1. **Integridad.** Tiene que haber coherencia entre lo que decimos y lo que hacemos. Tanto en las pequeñas cosas como en las cosas grandes. Cuando nos comunicamos con los demás y no hacemos lo que decimos, básicamente nos estamos diciendo a nosotros mismos: «Lo que digo no es importante. No importa». Cada vez que hacemos esto, nuestra autoestima sufre. Así que, si lo hacemos muy a menudo, nuestra autoestima terminará por los suelos.
2. **Autoconciencia.** Conócete a ti mismo. El conocimiento de uno mismo es el principio de todo.

3. **Propósito**. Ten una vocación. Ten metas concordantes.
4. **Responsabilidad.** Nadie vendrá a salvarte. Eres responsable de ti mismo. No a las excusas. No a la culpa. No a las quejas.
5. **Autoaceptación.** No tienes que ser perfecto. Es imposible. Date el «permiso de ser humano» a diario.
6. **Autoafirmación.** Di NO o SÍ cuando toque, defiende aquello en lo que crees. Dibuja en la arena una línea que no se puede cruzar.

¿Cómo mejoramos nuestra autoestima?

Entonces, ¿cómo mejoramos nuestra autoestima? La mayoría de las cosas de las que ya hemos hablado mejoran automáticamente tu autoestima. Por ejemplo, el ejercicio físico, o descubrir lo que realmente —pero realmente— quieres en la vida. Siguiendo tu pasión, tu propósito. Responder a preguntas como estas: «¿Qué harías en un mundo donde nadie supiera lo que estás haciendo?», «¿Dónde te ves dentro de diez años?», «¿Qué es tan importante para ti que lo harías independientemente de la aprobación de otras personas?».

¿Te das cuenta de que siempre surgen las mismas preguntas? Cuanto antes las respondas, mejor.

Algo importante que también mejorará tu autoestima es tomarte momentos para la reflexión. Si deseas una alta autoestima tienes que comportarte como una persona con una alta autoestima. La autoestima, como tantas otras cosas, es simplemente una actitud. Es la actitud que tienes hacia ti mismo. Así que búscate modelos y aprende de ellos. Camina como una persona con alta autoestima independiente, habla como una persona con alta autoestima independiente, siéntete como una persona con alta autoestima independiente. Practicar la atención plena o la meditación también mejorará tu autoestima.

10

HÁBITOS PARA AUMENTAR TU AUTOESTIMA

DEJA DE SER TAN DURO CONTIGO MISMO

No caigas en el hábito de la autocrítica por errores pasados o porque las cosas no funcionaron como querías. ¿Por qué? Porque no sirve para nada en absoluto. Es hora de que aceptes que no eres perfecto. Que nunca lo serás, y —lo mejor de todo— que **NO TIENES QUE SERLO.**

Deja ya de ser tan duro contigo mismo. Es una de las principales razones que impiden a la gente vivir una vida feliz y plena. Muchas de las pequeñas miserias que vamos acumulando en nuestra vida proceden de que, inconscientemente, creemos que tenemos que castigarnos por algo. Es hora de dejar atrás el hábito de la autocrítica exagerada y del autocastigo. Estás haciéndolo lo mejor que puedes. ¡Ojo! Esto no significa que debes dejar de analizar tus errores. Significa que tienes que corregirlos si puedes y, si no puedes, acéptalos, déjalos ir y prométete no repetirlos. Solo se convierten en un problema si sigues repitiendo los mismos errores una y otra vez.

Así que aquí tienes la receta mágica. No está a la venta en ninguna farmacia y además es ¡GRATIS! ¿Listo?

1. Acéptate como eres.
2. Perdónate y ámate a ti mismo.
3. Cuídate y mímate mucho.

¿Fácil, no?

SUBE EL LISTÓN

Enseñas a los demás cómo deben tratarte en función de lo que les permitas que hagan. Espera y exige mucho de ti mismo, pero también de los que te rodean. Si realmente quieres hacer un cambio y ser feliz en tu vida tienes que elevar tus estándares. Ten una política de tolerancia cero para la mediocridad, la procrastinación y el comportamiento saboteador que dificulta tu mejor rendimiento. Tus estándares podrían ser, por ejemplo, decir siempre la verdad, ser siempre puntual, escuchar atentamente a las personas hasta que terminen sin interrumpirlas, y así sucesivamente. Mantente tú en tu nivel más alto y —lo que es tan importante, o incluso más— establece límites para los que te rodean. Los límites son comportamientos que los demás, sencillamente, nunca deben permitirse tener contigo como, por ejemplo, gritarte, hacer bromas estúpidas o faltarte al respeto.

Comunícate claramente y aborda en el acto cualquier comportamiento ajeno que te haya molestado, haz de ello un hábito. Recuerda lo que dice el proverbio: «En el tono correcto se puede decir todo, en el tono equivocado nada;

el arte es encontrar el tono correcto». Práctica diciendo cosas en un tono de voz neutro, como dirías «el sol está brillando» o «el cielo está azul».

Si alguien está traspasando los límites que has impuesto, infórmale: «No me gustó ese comentario» o «No me gusta que me hables en ese tono». Si continúa, pídele que pare: «Te pido que dejes de hablarme así». Llegados a este punto, la mayoría de la gente lo comprende, pero siempre está el pesado de turno que se empeña en no ver la luz roja. Si es así, insiste: «Insisto en que dejes de hablarme de esa manera». Si ninguno de los tres pasos da resultado, sencillamente: ¡lárgate! Sal de esa situación y dile: «No puedo tener esta conversación contigo, mientras seas _____. Hablaremos más tarde».

ÁMATE A TI MISMO COMO AMAS A TU PRÓJIMO

Ya lo dije antes: ámate a ti mismo como a tu prójimo. Muchas veces vemos lo bueno en otros y no lo vemos en nosotros mismos. Cambia eso YA. A partir de ahora, cuando cometas un error, antes de machacarte piensa en cómo reaccionarías si un amigo o un ser querido hubiera cometido ese mismo error. Estoy seguro de que, en la mayoría de los casos, serías mucho más indulgente con ellos de lo que lo eres contigo mismo…

La relación más importante que tienes en esta vida es la que tienes contigo mismo.

¿Si no te gustas a ti mismo, ¿cómo puedes esperar gustar a los demás? ¿Cómo puedes esperar amar a los demás, si no te amas a ti mismo primero?

Acéptate como eres. No tienes que ser perfecto para ser genial. Aprende a pasar tiempo con la persona más importante en tu vida: TÚ. Disfruta de ir al cine con la mejor compañía que puedas imaginar: TÚ. El escritor y filósofo francés Blaise Pascal dijo que «todos los problemas de la humanidad provienen de la incapacidad del hombre de sentarse tranquilamente en una habitación a solas consigo mismo». Siéntete cómodo pasando algún tiempo solo. Encuentra un lugar donde puedas desconectar de la vida cotidiana. No me cansaré de insistir en ello: aceptarse a uno mismo es un factor clave para el bienestar.

Reconoce tu valor como persona. Ten claro que mereces respeto. Si cometes un error no te machaques, acéptalo, y prométete a ti mismo hacer todo lo posible para no repetirlo. Eso es. No hay absolutamente ningún beneficio en machacarse sobre algo que no puedes cambiar.

¡Sé egoísta! ¿Qué? ¿Qué estoy diciendo? Sí, has leído bien: ¡sé egoísta! No me refiero al egoísmo egocéntrico, sino a sentirte bien dentro de ti mismo, para que puedas transmitir este bienestar a todo tu entorno. Si no estás bien contigo mismo, no puedes ser un buen esposo, esposa, hijo, hija o amigo. Pero si te sientes bien puedes transmitir estos sentimientos a todo lo que te rodea y todo el mundo se beneficia.

VIVE TU VIDA

Tu tiempo es limitado, así que no lo pierdas viviendo la vida de otra persona. No te dejes atrapar por el dogma, que es vivir con los resultados del pensamiento de otras personas. No dejes que el ruido de las opiniones de otros ahogue tu propia voz interior. Y lo más importante, ten el valor de seguir a tu corazón e intuición. De alguna manera ellos ya saben lo que realmente quieres ser. Todo lo demás es secundario.

STEVE JOBS

Esta cita de Jobs ya dice todo. Es difícil añadir algo a sus sabias palabras: vive la vida que quieres y no la vida que otras personas esperan de ti. No te preocupes por lo que tus vecinos o lo que otras personas piensan de ti, porque si te importa demasiado lo que *ellos* dicen, habrá un momento en el que ya no vivirás tu vida, sino la vida de otras personas. Escucha a tu corazón. Haz las cosas que quieres hacer, y no necesariamente las cosas que todo el mundo hace. Ten el coraje de ser diferente.

APRENDE A RECIBIR

¡Aprende a recibir! Acepta cumplidos, regalos y muestras de afecto o respeto con alegría. Es otro de los secretos para obtener más de lo que deseas. Si recibes un regalo y dices: «Oh, esto no era necesario», estás reduciendo la ilusión de regalar a la persona que te lo ha ofrecido, y lo mismo pasa con los cumplidos. Revisa ese comportamiento. ¿Es mera cortesía —mal entendida— o detrás de «esto no es necesario» hay un sentimiento subyacente de «no me merezco esto», o «no lo valgo»?

No hay necesidad de justificarte. No disminuyas el placer de dar de otras personas. Simplemente di «¡Gracias!», y sonríe. Practica tus «habilidades de recepción». Si alguien te hace un cumplido, acéptalo amablemente con un «Gracias». Hazte dueño o dueña de ello. No lo devuelvas al momento. Puedes decir: «¡Gracias! Estoy feliz de que sientas así!», y deja que la otra persona disfrute de la experiencia.

Te ayudará mucho y llevará tu autoestima a un nuevo nivel si logras erradicar los siguientes comportamientos:

- ☑ Rechazar elogios y cumplidos.
- ☑ Menospreciarte, pensando que los otros siempre son más y saben más.

- ☑ Atribuir tus éxitos a otros, aunque los hayas logrado tú.
- ☑ No comprarte algo bonito porque piensas que no te lo mereces.
- ☑ Buscar el «motivo oculto» si alguien hace algo bueno por ti.

Tu mejor inversión

Lo mejor que puedes hacer para tu crecimiento personal y profesional es invertir en ti mismo. Comprométete a convertirte en la mejor persona que puedas ser. Invierte en formación, libros, CDs y otras formas de desarrollo personal. Mantente siempre curioso y motivado para aprender cosas nuevas y mejorarte a ti mismo.

¡Hay tantas posibilidades! Puedes hacer una formación que mejore tus habilidades de negociación, gestión del tiempo, planificación financiera y mucho más. En un taller de dos o cuatro horas puedes aprender estrategias o herramientas poderosas que transformen tu vida. Una de las mejores inversiones en mi vida fue la contratación de un *coach*. Él me ayudó a salir de mi estancamiento, a aclarar lo que realmente quería de mi vida y a cambiar por completo mi relación con el miedo.

También puedes comenzar de una manera más económica, leyendo más o escuchando un CD de aprendizaje o un audiolibro. Convertí en hábito leer por lo menos un libro a la semana, comprar un nuevo curso *online* cada dos meses e inscribirme por lo menos en dos seminarios o formaciones al año.

¿Qué vas a hacer? Recuerda que los pasos pequeñitos también cuentan.

SÉ TU YO AUTÉNTICO

¿Te has dado cuenta de que algunas de las personas más exitosas son también las más auténticas? No están representando ningún papel: son ellos mismos, son quienes son. Conocen sus fortalezas y sus debilidades. No tienen ningún problema en mostrarse vulnerables y asumir la responsabilidad de sus errores. Tampoco temen el juicio de los demás. Arriesgan. Se enfrentan a las cosas en lugar de evitarlas. Son increíblemente humildes y muestran mucha integridad.

No dejes que el mundo te diga quién tienes que ser y no representes ningún papel.

Deja de pensar en lo que otros quieren de ti, o en lo que puedan pensar de ti, y date permiso para ser tu yo auténtico. ¡Las recompensas son impresionantes! Curiosamente, te darás cuenta de que cuanto más eres tú, más gente se sentirá atraída por ti. Pruébalo.

HONRA TUS LOGROS PASADOS

Oprah Winfrey tiene toda la razón cuando dice «Cuanto más elogies y celebres tu vida, más habrá en la vida para celebrar». Este es uno de mis ejercicios favoritos para aumentar la confianza en sí mismos de mis clientes (y la mía). Siempre estamos tan centrados en las cosas que no funcionan tan bien como nos gustaría que olvidamos lo que ya hemos logrado. Estoy seguro de que tienes logros fantásticos en tu vida y en este párrafo te darás cuenta de tus éxitos del pasado y los usarás como combustible para alcanzar tus metas y éxitos futuros. Así que la gran pregunta es: ¿qué grandes cosas has logrado en tu vida hasta ahora?

Has terminado el cole y la universidad, viajaste por el mundo, tienes una buena carrera, tienes un montón de buenos amigos. Quizás viviste solo en el extranjero por un tiempo.

O quizás has superado una infancia dura y grandes contratiempos personales. Quizás criaste hijos fantásticos. Cualquier desafío que hayas superado, cualquier éxito que hayas logrado, ahora es el momento de mirar hacia atrás y celebrarlos.

¿Recuerdas el capítulo sobre el enfoque? En este caso, significa que cuanto más recuerdes y reconozcas tus éxitos pasados, más confianza tendrás en ti mismo. Y, como te estás concentrando en éxitos, verás más oportunidades para el éxito.

Haz tu propia lista. Recuerda tus éxitos pasados. Date una palmadita en el hombro y dite a ti mismo: «¡Bien hecho!». Retrocede y revive de nuevo ese momento en tu mente, el momento del triunfo, del éxito, siéntete de nuevo como te sentiste entonces. Detente un momento ahora, con cinco minutos basta. Toma un bolígrafo y un papel y anota una lista de los éxitos más grandes que has cosechado en tu vida. Venga. Hazlo. AHORA.

¿Ya terminaste? Entonces léelos en voz alta y date permiso para sentirte magníficamente bien por lo que has logrado. Repite esto varias veces al día. Hará maravillas en tu autoestima. Lo hizo en la mía.

ESCUCHA TU MÚSICA FAVORITA

Una manera muy fácil de sentirse feliz al instante es escuchar tu música favorita. Crea la «banda sonora» de tu vida con canciones y temas de todos los tiempos, de todos tus momentos más especiales, y escúchalos, baila, canta. Podrías sentirte un poco raro al principio, pero hacerlo todos los días será muy beneficioso para ti. ¿Cuáles son tus cinco canciones favoritas de todos los tiempos? Haz una lista de reproducción en tu iPod, teléfono o PC y escúchala ahora mismo. Hazlo ahora. Conviértelo en un hábito diario.

CELEBRA TUS VICTORIAS

En tu camino hacia adelante para cambiar su vida y alcanzar tus metas también es importante estar al tanto de tus progresos. Detente de vez en cuando y celebra tus victorias. Celebra que eres mejor que eras la semana pasada. No dejes que tus pequeñas victorias pasen desapercibidas y celébralas. Recompénsate: compra algo que siempre quisiste, vete al cine, haz lo que sea bueno para ti. Si adquiriste nuevos hábitos y observas una gran mejora, haz un viajecito corto. Te lo has ganado. ¿Como te recompensarás por el progreso que has hecho hasta ahora? ¿Vas a tener una tarde relajante en el *spa* o te darás un homenaje en el restaurante, una buena cena? ¿Qué tal un agradable paseo por el parque?

PRÉMIATE CADA DÍA

No dejes que la rutina y el aburrimiento entren en tu vida. Prepara cosas que te den alegría después de un duro día en el trabajo, en lugar de acabar frente a la tele cada noche.
Aquí van algunos ejemplos:

- ☑ Pasa tiempo solo.
- ☑ Vete a caminar en la naturaleza con tu pareja.
- ☑ Date un baño de burbujas o vete a un *spa*.
- ☑ Celebra algo: un buen trabajo hecho, tu familia, tu vida.
- ☑ Llama a un amigo.

☑ Invita alguien a comer.
☑ Vete a tomar algo.
☑ Vete al cine / teatro / un concierto.
☑ Regálate un masaje, una manicura o pedicura.
☑ Haz una «noche de cine» en casa.
☑ Contempla un amanecer…

Acuérdate de reservar en tu agenda algún tiempo para tus momentos especiales.

MÍMATE

La autoestima va de la mano del valor que nos damos a nosotros mismos. ¿Te valoras a ti mismo? ¿Crees que te mereces cosas? Haz una lista de 15 cosas que puedes hacer para mimarte —por ejemplo, leer un buen libro, ir al cine, recibir un masaje, ver un amanecer, sentarte junto al agua, etc.— y luego haz una de ellas cada dos días durante las próximas dos semanas.

Este ejercicio es verdaderamente milagroso. Tratarte mejor hará milagros en tu confianza en ti mismo y tu autoestima. Estas pequeñas cosas te harán sentirte mejor y, el hecho de sentirte cada vez mejor elevará tu estado de ánimo y tu autoestima. Estás enviando pequeños mensajes a tu subconsciente que dicen «Me merezco esto» y de este modo iniciarás una espiral ascendente.

Lamentablemente esto también funciona al contrario. No has perdido tu autoestima de golpe. Es un proceso lento. Comienzas a negarte a ti mismo pequeños placeres cada vez más, dejas de cuidarte y esto te conduce a una espiral descendente que termina en una completa falta de autoestima.

Mímate. ¡Cambiará tu vida!

Perdona a todo el mundo

Mahatma Gandhi dijo: «El débil nunca puede perdonar. El perdón es el atributo de los fuertes». El perdón es crucial en tu camino hacia el éxito, la satisfacción y la felicidad. Personalmente he necesitado mucho, mucho tiempo para aprender esto. ¿Por qué tengo que perdonar a alguien si esa persona me hizo daño y es solo culpa suya? Respuesta corta: por puro egoísmo. Lo estás haciendo para ti mismo, no por la otra persona. ¡No se trata de tener razón o no!

Se trata de estar bien y no perder demasiada energía. La ira, el resentimiento y —peor aún— el odio, revivido una y otra, vez son enormes fallas que drenan tu energía. ¿Quién pasa las noches sin dormir? ¿Quién está lleno de ira y no disfruta del momento presente? ¿Tú o la persona a quien no estás perdonando? Dicen que cultivar la ira y el resentimiento es como beber veneno y esperar que la otra persona muera. Y tienen mucha razón. Estas emociones son verdaderamente tóxicas.

Hazte un favor y déjalo ir. Cuando un periodista le preguntó al Dalai Lama si estaba enojado con los chinos por ocupar su país, respondió: «En absoluto. Les envío amor y perdón. No tiene absolutamente ningún beneficio para mí estar enojado con ellos. Ellos no van a cambiar, pero mi ira podría provocarme una úlcera y eso, en realidad, les beneficiaría». Adopta la actitud del Dalai Lama, aplícala a las personas que te han hecho daño y mira qué sucede. Suelta, relaja, perdona a la gente que te hace daño. Olvídalos y sigue adelante.

Esto no significa que no puedas poner límites al comportamiento de otros o llamarles la atención si hacen algo que te molesta. Pero entiende las consecuencias de no perdonar y suelta. Llama a las personas a las que has hecho daño y pide disculpas, y, si te resulta demasiado incómodo, escríbeles una carta.

Sobre todo: perdónate a ti mismo. Cuando aprendas a perdonarte será más fácil perdonar a los demás. Simplemente hazlo. Los cambios que experimentarás cuando logres perdonar a los demás, y sobre todo a ti mismo, son increíbles.

¿Cómo trabajar esto? Aquí tienes una sugerencia:

Primero haz una lista de todos a los que no has perdonado.

Luego haz una segunda lista de todo lo que no te has perdonado.

Y entonces —lo más importante— empieza a trabajar en estas dos listas.

11

La importancia de nuestras relaciones

Hablemos de relaciones. Los científicos han descubierto que **las relaciones estrechas e íntimas —ya sea con miembros de la familia, amantes, amigos, almas gemelas— son el predictor n.º 1 de la felicidad.** La ciencia ha demostrado que las relaciones nos hacen más felices, más productivos, más comprometidos, enérgicos y resistentes y cuando tenemos una red de personas con las que podemos contar nos recuperamos más rápido de los contratiempos. Gracias a las relaciones conseguimos más y tenemos un mayor sentido del propósito. Las relaciones son una necesidad natural. Nadie puede sobrevivir ni prosperar sin relaciones.

En su investigación sobre personas extremadamente felices, Martin Seligman y Ed Diener seleccionaron, dentro de un grupo de muestra, al 10 % de personas que se consideraba más felices y los estudiaron. Todos ellos experimentaron dificultades, ansiedad, estrés, depresión, frustración, al igual que el resto. La única diferencia entre ellos y los demás fue que se recuperaron más rápido. ¿Por qué? Porque interpretaban su experiencia de manera diferente. Ellos conseguían hacerlo —y eso era lo que marcó la diferencia— porque tenían relaciones personales e interpersonales florecientes. Ya fuera con parejas románticas, familiares, amigos o todo lo anterior.

David Myers dice: «Hay pocos predictores más fuertes de la felicidad que un estrecho, ecuánime e íntimo compañerismo a lo largo de toda la vida con su mejor amigo».

Las relaciones marcan la diferencia. El hecho de ser feliz y compartirlo mejora las relaciones. Por otro lado, cuando atraviesas por penas y dificultades, tener una relación te ayuda a superarlas.

CONÓCETE A TI MISMO

¿No es gracioso que siempre volvamos a lo mismo? La clave más importante de todo en nuestra vida parece ser conocerse a sí mismo. En el ámbito de las relaciones significa saber cuántas horas al día es bueno para ti pasar tiempo con otras personas, saber exactamente cuáles son tus necesidades en una relación, saber cuántas relaciones necesitas. Todo eso depende de tus necesidades personales y únicas. El número de horas que deseas pasar con otras personas difiere para cada uno. No hay respuestas correctas o falsas a estas preguntas y el hecho de pasar menos tiempo con algunas personas no significa que las quieras menos (esta es una trampa en la que caí muchas veces en mis relaciones).

Si nos fijamos en el panorama actual, en cuanto a relaciones de pareja se refiere, la imagen no resulta demasiado estimulante. Dos tercios de los matrimonios acaban en divorcio, y lo peor de todo es… que esto no significa que el otro tercio esté encantado de la vida. A menudo, las personas permanecen en sus relaciones de pareja por comodidad, por costumbre, por falta de alternativas o por un sentido del deber. Lo que sí se puede observar es que en nuestros tiempos fracasamos estrepitosamente en mantener el amor a lo largo del tiempo.

¿CÓMO CONSTRUIR RELACIONES QUE PROSPEREN?

El primer paso para aceptar la realidad es entender lo que realmente significa el verdadero amor. ¿Existe? Existe en la ficción, en las películas. O mejor dicho *solo* existe en la ficción, *solo* existe en las películas. En la vida real no hay amor perfecto, y muchas veces las relaciones fracasan porque esperamos un amor perfecto. Si tus expectativas sobrepasan la realidad y la vida, si lo que esperas es el amor perfecto, entonces te estás preparando para el fracaso.

El problema es que el principal referente del amor que nos devuelven la literatura y el cine es «el amor perfecto». Estoy convencido, además, de que la industria cinematográfica es culpable del fracaso de unos cuantos matrimonios y de no pocos fallos, frustraciones y desilusiones en muchas relaciones románticas. El cine ofrece una imagen de las relaciones románticas que no tiene nada que ver con la realidad, y si lo internalizamos y pretendemos encontrar ese modelo nadie podrá estar a la altura de nuestras expectativas. Siento tener que decirte que el príncipe azul o la princesa encantadora nunca llegarán. Cuanto antes te des cuenta, mejor. ¡Pero también tengo buenas noticias! Aunque el amor perfecto no existe, el amor verdadero sí. **El amor verdadero existe.**

Volvamos una vez más a la psicología positiva para que nos ayude a identificar el amor verdadero. Se trata, nuevamente, de plantearse otras preguntas, diferentes, centrándose esta vez en lo que funciona mejor, en las escasas relaciones que realmente prosperan. Durante muchos años, la psicología tradicional, por boca de consejeros o investigadores, se ha preguntado: «¿Por qué tantas relaciones fracasan a largo plazo?», «¿Por qué tantas personas al cabo de uno, dos o cinco años juntos terminan su relación?», «¿Por que tantas personas siguen juntas a pesar de que ya no están bien juntas?».

Ya sabes lo que sucede. Si solo nos hacemos estas preguntas dejamos de ver una parte muy importante de la realidad, una parte que, por desgracia, es la que puede conducir a relaciones duraderas, prósperas y apasionadas.

Los psicólogos positivos reformularon las preguntas, dándoles la vuelta. Se preguntaron: «**¿Qué hace que algunas relaciones prosperen y se fortalezcan con el tiempo?**». Estas relaciones existen. «**¿Qué las hace exitosas?**». Y la pregunta más importante: «**¿Qué podemos aprender de estas relaciones para aplicarlo a las nuestras?**». Y, una vez más, este cambio de perspectiva lo cambió todo.**

John Gottman, uno de los principales investigadores en relaciones —capaz de predecir las probabilidades de divorcio de una pareja con un nivel de precisión del 94 %—, afirma: «Cuando descubrí cómo predecir el divorcio, pensé que había encontrado la clave para salvar matrimonios pero, como tantos expertos antes, estaba equivocado. No fui capaz de descubrirla hasta que empecé a analizar lo que iba bien en los matrimonios felices».

David Schnarch demostró, en una investigación sobre parejas que mantenían un relación feliz y duradera, que estas parejas no solo seguían disfrutando de pasar el tiempo juntos a lo largo de los años, sino que su vida sexual era más plena y satisfactoria a partir de los 50 y 60 años de edad que cuando tenían 18, 25 o 35 años. Lo siento, tengo que volver a ser el aguafiestas, pero creo que ya lo adivinaste: por desgracia, la mayoría de las relaciones no son así. Principalmente porque, hoy en día, con 50 y 60 años un gran número de personas están en su segundo o tercer matrimonio, o relación larga.

Así que, ¿cuáles son los secretos de una relación próspera?

Es un trabajo duro. Necesitas invertir si deseas prosperar en una relación.

Crear altos niveles de intimidad.

Mantener la pasión.

Apreciar lo bueno de nuestra pareja (gratitud).

Uno de los errores clave que cometí durante gran parte de mi vida —y, en realidad, solo pude comenzar a cambiarlo cuando oí Tal Ben-Shahar hablar de esto la primera vez— fue que tenía lo que llaman «una mentalidad de encontrar» (*finding mindset*). ¡Buff! Qué alivio desprenderme del *finding mindset* y aprender el *cultivating mindset* («mentalidad de cultivar»). Es como si un enorme peso se hubiera caído de mis hombros.

Cuando tienes una mentalidad de encontrar te enfocas en localizar a la pareja perfecta. ¡Gran error! La pareja perfecta no existe. Encontrar la pareja adecuada es importante, pero no es lo más importante. El problema con la mentalidad de encontrar es que cuando pasas por momentos difíciles con tu pareja —algo que, por cierto, es totalmente normal—, empiezas a pensar: «Espera. Algo está mal. Quizás no he encontrado a mi pareja perfecta. Debo haber cometido un error». Esto me sucedía a mí una y otra vez, y, por supuesto, solo empeoraba la situación. Así que, tarde o temprano, la relación terminaba.

Con una «mentalidad de cultivar» no habría pasado, porque piensas: «Bueno. Estamos atravesando algunas difi-

cultades, pero estamos trabajando en nuestra relación. Es normal. Hacemos un esfuerzo para entendernos. Crecemos juntos».

Es esta mentalidad cultivadora la que hace que las relaciones duren. Es más importante cultivar la relación que encontrar a la pareja adecuada. **Es importante encontrar a la persona adecuada, pero es aún más importante cultivar esa relación.**

Entonces, ¿por qué demonios la mayoría de la gente tiene la mentalidad de encontrar? Pues aquí vuelvo a echarle la culpa a las películas. No cabe duda de que las películas «de amor» o «románticas» son deliciosas, estimulantes, pero hay un problema: su argumento gira, básicamente, en encontrar la pareja ideal. Y el trabajo real comienza cuando la película termina, cuando la cortina cae. Es fácil tener una buena relación al principio. Pero la fase de luna de miel, por lo general, dura hasta el primer o segundo año. ¿Qué sucede entonces? ¿Qué sucede cuando vemos que el compañero elegido no es perfecto? Ahí es donde comienza el verdadero amor y a partir de ahí se abre el territorio donde se cultiva.

Siempre he creído que hay más de una persona adecuada para nosotros. Sobre todo, por supuesto, cada vez que finalizaba una relación. ¡Vamos, si somos casi 7500 millones de personas en este planeta!… Es una locura pensar que solo hay una persona para nosotros en todo el mundo. La verdad es que tampoco es importante, porque el verdadero amor no va de encontrar a la persona adecuada. **Va de cultivar la relación elegida.** Es trabajar juntos, estar juntos, pasar tiempo juntos, dedicarse el uno al otro. Así es como creamos esa relación especial. Es un proceso y lleva tiempo. Cultivamos una relación no simplemente poniéndonos en el anillo en el dedo y firmando un papel, sino haciendo cosas juntos; en realidad, conociéndonos.

John Gottman descubrió que «en los matrimonios más fuertes, el esposo y la esposa comparten un sentido de significado profundo. No solo se llevan bien, también apoyan las esperanzas y aspiraciones de cada uno y construyen un sentido de propósito en sus vidas juntos». Aquí tienes la receta para una relación duradera.

¿Cómo mantener el amor?

Crea rituales con tu pareja

Lo escuchamos a menudo: «El amor está en los detalles». El amor no está el de crucero alrededor del mundo, ni el anillo de diamantes. Estas cosas sin duda están genial, pero no mantienen una relación. Lo que mantiene una relación son los detalles, los hábitos, los rituales cotidianos. El toque, la mirada, la comida juntos, recordar fechas importantes, los cumplidos, el intercambio de mensajes de texto, de besos y abrazos, apreciar a nuestro compañero todos los días. Estos pequeños detalles y actividades del día a día construyen una relación extraordinaria. Lo consigues demostrando interés y preguntando: «¿Cómo fue tu día, amor?», «Cuéntame sobre…», «¿Qué estas pensando», «Pareces un poco triste, ¿puedo hacer algo?». Y escuchando con empatía. ¿Estás realmente escuchando a tu pareja? ¿Realmente estás mirando a tu pareja? ¿Realmente quieres conocerla?

Y, por supuesto, el sexo también es importante para una relación próspera a largo plazo. Un abogado especializado en divorcios me dijo una vez: «¿Sabes? Nunca he divorciado a una pareja que sexualmente tuviera una relación fantástica». Y aunque esto podría ser únicamente su opinión, o su experiencia, es muy raro mantener una relación romántica sin el componente físico. Lo más importante, también en este ámbito, es la comunicación saludable. Muy a menudo hay un desfase en las expectativas, porque no existe una prescripción «correcta» que indique con qué frecuencia hay que tener relaciones sexuales para que una relación funcione. ¿Una vez al día ? ¿Cinco veces a la semana? Esta es una fuente potencial de conflicto, así que comunícate claramente con tu pareja.

Mientras para ti tener sexo con tu pareja tres veces a la semana puede ser mucho, quizás para tu pareja no es lo suficiente. Averígualo. Habladlo entre vosotros. Mis relaciones mejoraron mucho cuando empecé a hablar abiertamente de mis deseos con mi pareja, en vez de confiar en que pudiera leer mi mente para saber lo que deseaba.

Cambia tu planteamiento: de «ser deseado/aprobado» a «ser conocido»

No importa de qué tipo de relación se trate —romántica o de amistad—, el fundamento de las grandes relaciones, de las que marcan una vida, es ser CONOCIDO. Al conocerse mutuamente cada vez más se alcanzan niveles más profundos de intimidad. Para ello hay que abrirse, compartir cosas significativas con nuestro compañero, compartiendo también nuestras debilidades, nuestras inseguridades y nuestras pasiones. Tal Ben-Shahar dice que «una relación sana consiste en **expresarse** en lugar de intentar **impresionar** constantemente».

Esto es arriesgado porque, ¿qué sucede si no le gustas, si no le gusta lo que descubre? Pero vale la pena el riesgo, porque si te expresas y te abres es más probable que tengas una relación próspera. No hay garantía, pero una cosa es segura: si solo intentas impresionar, el fracaso está garantizado.

¿Has observado que las personas que se arriesgan, que se expresan de manera auténtica, con el tiempo atraen a más y más personas? Las personas genuinas son más atractivas. No importa si son amigos o líderes. No hay nada como ser auténtico. La integridad atrae.

Si solo quieres impresionar siempre te estarás preguntando: «¿Quién les gusta realmente? ¿Yo o la imagen que tanto me empeño en proyectar?». Con el tiempo esto puede torturarte dolorosamente.

Haz un esfuerzo activo para conocer a tu pareja. Esto lleva su tiempo y no ocurre en la primera cita.

Permitir que haya conflicto en la relación

Siempre habrá conflictos en las relaciones. Está bien. Es normal. Todas las relaciones lo tienen. En lugar de preguntarnos qué está mal en la relación podemos replantearlo como: «Vale. Es normal. Es natural. Veamos qué podemos aprender de ello y cómo crecer como pareja». Una vez más, todo consiste en concentrarse en ello y fortalecer lo positivo.

Por cierto, las personas que tienen una proporción de conflicto del 1:5 suelen tener una relación próspera (1:5 significa un conflicto cada cinco interacciones positivas). Las personas que tienen muy por encima o por debajo de esa media tienen, por lo general, menos expectativas de mantener una relación próspera a largo plazo. Una proporción del 1:100 por ejemplo podría significar que hay algunas cosas reprimidas. Y si estáis discutiendo todo el tiempo realmente podría ser el momento de separarse.

Por cierto, durante mucho tiempo se creyó que para resolver los problemas de una pareja bastaba con reunir a las partes en conflicto para que hablasen sobre su relación. Pero se dieron cuenta de que este planteamiento no solo era insuficiente, sino que muchas veces empeoraba las cosas.

Lo importante en la resolución de conflictos es que ambas partes construyan más objetivos comunes, trabajando juntos, apoyándose mutuamente.

También debemos ser conscientes de que hay **conflictos positivos** y negativos. Los conflictos saludables se centran en el comportamiento, los pensamientos y las ideas de una persona y los desafían diciendo, por ejemplo, «¿Te importa bajar la tapa del retrete cuando termines?». O «Me molesta regresar a casa y encontrarme el cubo de la basura lleno. Acordamos que la tirarías tú».

El **conflicto poco sano** se centra en la persona, en las emociones, en quiénes son. Serían reproches como «Qué guarro eres, nunca bajas la tapa del retrete» o «Eres un desconsiderado. Prometiste tirar la basura. No puedo confiar en ti». En cualquier tipo de relación, cuando se ataca a uno de los miembros por lo que es, cuando se va contra la persona, la emoción, se abre un conflicto muy poco saludable, no importa si se trata de un grupo o de una pareja.

Es sumamente importante evitar la hostilidad, el insulto y el desprecio.

John Gottman —el investigador al que me referí antes, que es capaz de predecir las probabilidades de divorcio de una pareja con una precisión del 94%— habla mucho sobre ello en su estudio. Sus predicciones, de hecho, se basan en el grado de hostilidad o desprecio que observa en las parejas cuando hablan de sus conflictos.

Cuando hay hostilidad y desprecio es una muy mala señal. No siempre conduce al divorcio, pero es un mal síntoma. Un mal síntoma para la probabilidad de éxito a largo plazo de la relación y que tampoco habla favorablemente del grado de disfrute de la relación en el momento presente.

Es importante mantener alejados este tipo de insultos y centrarse en la persona. Podemos valorar/apreciar a la persona y no estar de acuerdo con su comportamiento, sus ideas o sus pensamientos. No hace falta decir que la clave es mantener estas disputas en el ámbito privado. Es bastante difícil discutir en una relación, y resulta extraordinariamente difícil cuando la vergüenza también va asociada a ello. Las parejas que se gritan el uno al otro en público, o que se muestran desprecio delante de otros, están en una vía muy destructiva y extremadamente estéril.

Tenemos que aprender a discutir mejor, mejorar nuestras habilidades para mostrar desacuerdo siendo más positivos, introduciendo más humor, más afecto, más contacto físico, más conversación que ayude a disolver la tensión.

Debemos dejar de tomar los reproches o críticas del otro como algo personal, diciéndonos a nosotros mismos: «Entiendo que esto forma parte de nuestro crecimiento en esta relación, aunque ahora no estamos disfrutando de ella. Es una pelea seria. Pero, ¿qué puedo aprender de esto?».

Es necesario mostrar más atención al otro. Calmarse, intentar entenderlo, mostrar empatía.

Aprende a tratar a los seres queridos igual o mejor que a los demás, porque muchas veces tratamos a los demás mejor que a los que amamos.

Percepción positiva

Tenemos que apreciar al otro y viceversa. Estoy seguro de que todos lo hemos visto y experimentado: una vez que damos una relación como algo seguro, esta empieza a empeorar. Por desgracia, esto sucede con la mayoría de las relaciones. El secreto es centrarse siempre en lo que funciona. Concéntrate en el sentido del humor de tu pareja, en su apoyo, en cómo son una buena madre o padre, etc. Conviértete en un buscador de beneficios en tus relaciones.

Sandra Murray llevó a cabo uno de sus reveladores estudios, cuyas conclusiones mucha más gente debería conocer. Pidió a varias parejas que evaluasen las fortalezas de cada uno. Después, pidió a amigos y familiares que hicieran lo mismo. Los resultados, una vez más, fueron sorprendentes.

Las parejas que evaluaron los puntos fuertes de sus compañeros por debajo de las valoraciones que habían hecho sus amigos y familiares, no duraron mucho tiempo por termino medio. Por el contrario, las que valoraron las fortalezas de sus compañeros por encima de como lo habían hecho sus amigos y familiares, es decir, que pensaban que su pareja era mejor de lo que opinaban otras personas, tenían más probabilidades de tener una relación exitosa duradera. (Personalmente soy muy afortunado de tener una pareja así. Gracias, Natalia).

El hecho de pensar mejor sobre su pareja de lo que lo hacen otras personas también se llama «ilusiones positivas». Solo que… no son ilusiones: se convierten en profecías que se autocumplen. Estas parejas prósperas en realidad están creando beneficios, construyendo la realidad. Están viendo cosas que no están ahí, o que otras personas no han visto, y entonces estas cosas empiezan a ser, a existir. Es el efecto Pigmalión de nuevo. Esta vez en las relaciones.

La importancia de hacerse las preguntas correctas en una relación

Recuerdas que cuando nos hacemos ciertas preguntas empezamos a ver cosas que no habíamos visto antes, ¿verdad? Así que aquí están las preguntas más importantes que debes plantearte, una y otra vez, para construir y mantener una relación próspera:

1. ¿Qué agradezco y aprecio de mi pareja? Siempre hay algo que apreciar. Especialmente en tiempos difíciles.

2. ¿Qué es lo maravilloso de nuestra relación? ¿Qué está funcionando? ¿Qué me gusta de él/ella? ¿Qué va bien?

Cuando nos preguntamos qué va bien, entonces lo percibimos. Cuando lo percibimos, lo apreciamos. Cuando lo apreciamos, crece.

Tenemos que reformular nuestras preguntas y plantearlas correctamente, enfocarnos en el potencial de nuestras relaciones y comunicarnos, sobre todo, sobre las vivencias positivas que estamos experimentando. Lo que nos lleva a nuestro próximo estudio sobre la comunicación positiva. Shelly Gable descubrió que la forma en que las parejas se comunican sobre los acontecimientos positivos que experimentan es un mejor predictor del éxito a largo plazo de la relación que la forma en que se comunican sobre los acontecimientos negativos.

Así que cuando llegas a casa y hablas de algo positivo, algo bueno que te ha ocurrido, la forma en que tu pareja responde es un predictor del éxito de vuestra relación a largo plazo. Hay cuatro maneras opuestas de responder: constructivo/destructivo y activo/pasivo. Veamos un ejemplo. Imaginemos, por ejemplo, que nuestro compañero/a entra por la puerta lanzando esta noticia:

—*¡Acaban de ascenderme!*

Nuestra respuesta podría ser:

1. **activa y constructiva:** mostrar apoyo entusiasta, expresar comentarios directamente relacionados con el acontecimiento referido por el compañero, hacer preguntas de seguimiento:
   —*¡Eso es increíble! ¿Qué pasó? ¡Dime! Tenemos que celebrarlo. Salgamos.*
2. **pasiva y constructiva:**
   —*Vale, genial. Mmm…*

3. **activa y destructiva:**
   —*¡Oh, no! Ahora tendremos menos tiempo para estar juntos.*

   o

   —*Estoy sorprendido.*
4. **pasiva y destructiva:** ignorar completamente la noticia, no mostrar interés:
   —*Mmm... ¿Has visto que tenemos un nuevo arbusto en el jardín?*

De estas cuatro maneras de responder, solo una contribuye positivamente a la relación: la primera. Las respuestas segunda y tercera hacen daño; la PEOR, sin duda es la última.

Las únicas condiciones para que la comunicación activa y constructiva funcione son que beneficie a ambos (el famoso *win-win*) y que sea genuina. Si ambas condiciones se dan, esta forma de comunicación provocará una espiral ascendente para nuestros enamorados.

LA IMPORTANCIA DE LAS RELACIONES EN EL TRABAJO

Pasamos la mayor parte de nuestro tiempo en el trabajo, así que, dado que las relaciones que mantenemos en él ocupan gran parte de nuestra vida, conviene que les echemos un vistazo. Una encuesta realizada en Estados Unidos entre 24.000 trabajadores llegó a la conclusión de que los hombres y las mujeres con pocos lazos sociales tienen tres veces más probabilidades de sufrir de depresión que los que mantienen fuertes lazos sociales[1]. Otro estudio demos-

---

[1] Blackmore, E. R. (2007). «Major depressive episodes and work stress. Results from a national population survey». *American Journal of Public Health,* 97 (11), pp. 2088-2093.

tró que las personas que recibieron apoyo emocional durante los seis meses siguientes a haber sufrido un ataque al corazón tenían tres veces más probabilidades de sobrevivir.

Las buenas relaciones y las interacciones positivas con nuestros colegas en el trabajo disminuyen el cortisol, lo que significa que nos recuperamos más rápido del estrés relacionado con el trabajo y somos más capaces de manejarlo en el futuro. Y es aquí donde los directores ejecutivos, responsables de recursos humanos y empresarios deben prestar especial atención.

La capacidad de gestionar el estrés —tanto física como psicológicamente— es una ventaja competitiva significativa. Se ha visto que reduce los costes de la atención sanitaria y la tasa de absentismo laboral en las empresas. Estas interacciones sociales positivas también favorecen que los empleados sean capaces de centrarse mejor y de trabajar más horas en condiciones más difíciles.

Un estudio realizado con hombres mayores de 50 años mostró que los que padecieron mucho estrés a lo largo de su vida experimentaron una tasa de mortalidad mucho más alta en los siguientes siete años, **excepto** los hombres que tenían altos niveles de apoyo emocional[2].

Cuando se les preguntó a más de 1000 profesionales altamente exitosos qué les había motivado más durante su carrera, ellos clasificaron las amistades en el trabajo por encima de la ganancia financiera y el estatus individual. Asimismo, en un estudio realizado sobre 350 trabajadores de una compañía de servicios financieros, el mayor predictor

---

[2] Rosengren, A.; Orth-Gomer, K.; Wedel, H. y Wilhelmsen, L. (1993). «Stressful life events, social support, and mortality in men born in 1933». *British Medical Journal,* pp. 307, 1102-1105.

del éxito del equipo fue el grado de compenetración y compañerismo demostrado por sus miembros[3].

Es un hecho que cuanto más se anima a los miembros de un equipo a interactuar cara a cara, más comprometidos se sienten y más energía muestran. En resumen, cuanto más inviertes en mantener unas buenas relaciones sociales en el ámbito laboral, mejor son tus resultados en el trabajo.

Las empresas más punteras lo saben y lo ponen en práctica. IBM, por ejemplo, facilitó la introducción de empleados que no se conocían. Google mantiene las cafeterías de la empresa abiertas más allá de las horas de trabajo y anima a sus empleados a que vean a sus hijos, en las guarderías que la empresa pone a su disposición en el propio centro de trabajo, porque saben que después de pasar un tiempo con sus hijos sus empleados rinden mucho más. Es sorprendente que una empresa de logística orientada a la rapidez y la urgencia anime a sus conductores a almorzar juntos. UPS hace exactamente eso. ¿Cómo lo explicas?

Si los empleados declaran sentirse orgullosos de la empresa u organización para la que trabajan, estas pueden felicitarse a sí mismas, porque estos sentimientos se traducen en un menor absentismo laboral y rotación de empleados y en un aumento de la motivación y del compromiso de los empleados.

LA RELACIÓN MÁS IMPORTANTE EN EL TRABAJO

La relación empleado-jefe es el principal predictor tanto de la productividad diaria como de la cantidad de tiempo que las personas permanecen en su trabajo, porque «las perso-

---

[3] Achor, S. (2010), *The Happiness Advantage,* p. 184.

nas no cambian de trabajo, cambian de jefe.» Esta es la relación más importante en una empresa y tiene consecuencias. Un estudio de Gallup descubrió que las compañías estadounidenses pierden 360 mil millones de dólares cada año debido a la pérdida de productividad de los empleados que tienen una mala relación con su superior inmediato.

Cuando un empleado tiene una relación difícil con su jefe también tiene consecuencias para su salud: su presión arterial puede aumentar desproporcionadamente y son un 30% más propensos a padecer una enfermedad coronaria[4].

Por otro lado, cuando la relación jefe-empleado es estrecha y constructiva resulta muy beneficioso para la empresa. Y hay pruebas. Un estudio del MIT confirmó que los empleados con fuertes relaciones con sus superiores aportan más dinero que aquellos con vínculos débiles.

Un estudio de Gallup realizado sobre 10 millones de trabajadores llegó a la siguiente conclusión: los que estuvieron de acuerdo con la frase «Mi supervisor, o alguien en el trabajo, parece cuidarme como persona» fueron más productivos, aportaron más beneficios y fueron significativamente más propensos a quedarse con la compañía a largo plazo[5].

Y aunque los mejores líderes ya saben todo esto, muchos no invierten el esfuerzo necesario para cosechar los beneficios de estos hallazgos. Ya sea porque no tienen tiempo, porque temen comprometer su autoridad, porque creen que la amistad y el trabajo no van de la mano o, como decía mi antiguo compañero Iñaki: «Si quieres un amigo, cómprate un perro».

---

[4] Achor, S. (2010), *The Happiness Advantage,* p. 188.
[5] Achor, S. (2010), *The Happiness Advantage,* p. 189.

Es muy fácil crear un mejor ambiente en el trabajo. Una vez más, se trata de sentido común.

Saluda a tus compañeros, míralos a los ojos para crear simpatía y empatía. Ten una reunión cara a cara de vez en cuando. Habla también sobre temas o cuestiones que no tienen que ver con el trabajo, en lugar de hablar exclusivamente sobre el proyecto o tarea en el que trabajáis. La movilidad interna, el simple hecho de introducir nuevos empleados no solo en el departamento, sino también en otros departamentos, ha traído grandes beneficios a largo plazo para las empresas que lo practican. Y no son solo los nuevos empleados, también es beneficioso fomentar el cambio, la movilidad y la comunicación entre empleados en plantilla que no se conocen entre sí

No te estoy diciendo que todo el mundo vaya a tener amigos para siempre en su trabajo, ni que haya que quererse todo el tiempo. **Lo que importa es el respeto mutuo y la autenticidad.** Los almuerzos en equipo y la socialización después del trabajo son cruciales, pero estas relaciones tienen que desarrollarse naturalmente y no pueden ser forzadas.

Las emociones son contagiosas —las negativas y las positivas— y pueden afectar a un grupo de personas casi al instante. Podemos verlo tanto en nosotros mismos como en los demás. Cuando nos sentimos ansiosos, o tenemos un día realmente malo, nuestras emociones entrarán en juego en cada interacción que tengamos, nos guste o no. Y los resultados —no solo los nuestros— experimentarán su influencia.

Si alguna vez has estado sentado al lado de un jefe ansioso, que está de mal humor durante demasiado tiempo, sabes de lo que estoy hablando. A cabo de un tiempo probablemente también te sentiste triste o estresado, independientemente de cómo te sentías originalmente.

Por eso es tan importante tener una mentalidad positiva. La ciencia ha demostrado, una y otra vez, que las **emo-**

ciones positivas son una herramienta poderosa para favorecer un alto rendimiento en el lugar de trabajo. Cuanto
más felices están las personas que te rodean, más feliz te
sientes tú; y al revés: cuanto más feliz te sientes tú, más felices se sienten todos a tu alrededor. La felicidad es contagiosa, el estado de ánimo positivo se trasmite entre compañeros, clientes, etc., lo que contribuye a elevar el estado
emocional de todo un equipo de trabajo.

Esto quedó demostrado en un experimento realizado
en la Universidad de Yale. Durante una tarea de equipo, se
instruyó a un miembro del grupo para que fuera abiertamente positivo. El experimento fue grabado en vídeo y se
hizo un seguimiento individual de las emociones de cada
miembro del equipo antes y después de la sesión. Se evaluaron los resultados, tanto individuales como grupales.

Los resultados, de nuevo, fueron espectaculares: mostraron que cada vez que el miembro positivo del equipo entró
en la habitación, su estado de ánimo contagió instantánea-
mente a todos los que lo rodeaban. En realidad, su estado de
ánimo positivo mejoró el rendimiento individual de cada
miembro del equipo, así como su capacidad para llevar a
cabo la tarea como un grupo. Pero no solo eso. Los investigadores también descubrieron que los equipos que tenían a
una persona positiva «contagiosa» tenían menos conflictos
internos, más cooperación y, lo más importante, un mayor
rendimiento general. Cuanto más genuinamente expresivo
seas, más se ampliarán tu mentalidad y tus emociones[6].

Si estás en una posición de liderazgo te aconsejo que
leas atentamente esto que sigue. En posiciones de liderazgo

    [6] Barsade, S. G. (2002). «The ripple effect. Emotional contagion
and its influence on group behavior». *Administrative Science Quarterly*,
47, pp. 644-675.

el poder de contagiar a tus empleados con emociones positivas se multiplica. Si tú, como líder, tienes un estado de ánimo positivo, tus empleados tendrán mayor propensión a ser felices, a ayudarse mutuamente y a coordinar tareas más eficientemente y con menos esfuerzo[7].

También serán más propensos a describir positivamente su puesto de trabajo y desarrollar vínculos hacia él y hacia la organización o empresa, dos grandes ventajas en la atracción y retención de empleados. Las personas con estados de ánimo positivos también muestran más propensión a pensar creativa y lógicamente, en la resolución de problemas e incluso son mejores negociadores.

---

[7] Achor, S. (2010), *The Happiness Advantage,* p. 208.

12

LA CONEXIÓN MENTE-CUERPO

En la sociedad occidental, durante mucho, mucho tiempo nos hemos centrado solo en lo que sucede «por encima de los hombros», pero la mayor parte de lo que sucede es «por debajo de los hombros».

En este capítulo vamos a hablar de la maravillosa medicina secreta de Tal Ben-Shahar. Él afirma que, como es un pésimo hombre de negocios, nunca ha llegado a comercializar su receta así que podemos conseguirla de forma gratuita. Este medicamento ha sido probado una y otra vez. Y, lo mejor de todo, es que no tiene efectos secundarios negativos, al contrario, tiene muchísimos beneficios positivos:

☑ Conseguirá que te sientas muy, muy bien.
☑ Tu autoestima va a aumentar significativamente.
☑ Tu confianza en ti mismo va a mejorar.

☑ Te sentirás más tranquilo y más centrado.

☑ ¡Incluso serás más inteligente!

☑ También te hará más atractivo. No solo te vas a sentir más atractivo, sino que también vas a irradiar atracción.

Aquí tienes los ingredientes de este medicamento infalible:

☑ **Realizar 30 minutos de ejercicio físico de tres a cuatro veces por semana.**

☑ **Realizar un mínimo de 15 minutos de ejercicios de meditación (*mindfulness*) de 6 a 7 veces por semana.**

☑ **Dormir aproximadamente 8 horas cada día.**

☑ **Dar/recibir 12 abrazos diarios.**

Con este cóctel cosecharás muchos de los beneficios que exponía antes, tal vez todos, y probablemente incluso muchos más.

Una de las primeras personas en comprender la conexión del cuerpo y la mente fue John Kabat Zinn. Afirmó lo siguiente: «Tal vez el desarrollo más fundamental de la medicina del comportamiento sea el reconocimiento de que ya no podemos pensar en la salud como una característica del cuerpo o de la mente, porque el cuerpo y la mente están interconectados».

Eso fue una revolución y esencialmente un rechazo de cientos de años de pensamiento occidental. Pero desde entonces muchos investigadores han demostrado que tiene razón. Lo hicieron porque se plantearon una nueva pregunta:

«¿Cómo podemos usar nuestro cuerpo para trazar un círculo virtuoso en el que la mente ayude al cuerpo y el cuerpo a la mente?»

La magia de hacer ejercicio físico

Todos conocemos los beneficios que aporta el ejercicio físico:

- ☑ Aumenta nuestro estado de ánimo y mejora nuestro rendimiento laboral.
- ☑ Mejora nuestra motivación.
- ☑ Reduce el estrés.
- ☑ Ayuda a que nos sintamos mejor y nos aporta energía.
- ☑ Nos mantiene sanos.
- ☑ Nos ayuda a perder peso, lo que mejora nuestra salud y también nos hace más atractivos.
- ☑ Una vez que los kilos empiezan a desaparecer hay una gran posibilidad de que nuestra autoestima empiece a subir.

El problema es que, aunque somos conscientes de estos beneficios, la mayoría de nosotros no hace ejercicio. Permíteme que te muestre algunos estudios increíbles que, con suerte, te convencerán para que empieces a hacer ejercicio.

La investigación más increíble sobre los beneficios positivos del ejercicio fue realizada por Michael Babyak, del Duke Medical School, sobre un grupo de muestra formado por 156 pacientes con depresión muy fuerte. Todos ellos mostraban una serie de síntomas como insomnio, trastornos alimentarios, falta de deseo de actuar, estado de animo depresivo, muchos de ellos en riesgo de suicidio (habían realizado algún intento de suicido o manifestaban pensamientos suicidas).

Babyak dividió al grupo de muestra en tres subgrupos. El primero practicó 30 minutos de ejercicio físico moderado (correr, nadar, caminar a paso rápido) tres veces por semana; el segundo grupo tomó medicación antidepresiva (Zoloft), y el tercer grupo tomó medicación e hizo ejercicio. Al cabo de cuatro meses Babyak obtuvo resultados impresionantes.

El 60% de los sujetos ya no experimentaba los principales síntomas de la depresión, lo que significaba que ¡se habían recuperado! En los tres grupos se observaban estados similares de felicidad, lo que significaba que **el ejercicio demostró de ser tan eficaz como los antidepresivos.** El grupo que había sido tratado únicamente con medicación tardó alrededor de 10 a 14 días en superar la depresión, mientras que el grupo tratado únicamente con ejercicio tardó cerca de un mes, pero luego no mostró diferencia. ¿Asombroso, no?

Pero hay más. Seis meses después de concluido el estudio, cuando los participantes ya no recibían medicación o ya no se les obligaba a hacer ejercicio, los científicos echaron un vistazo a la tasa de recaída.

Del 60% que había mejorado, un 38 por ciento del grupo de «solo medicación» recayó y tuvo nuevamente una depresión fuerte. La tasa de recaída del tercer grupo («medicación y ejercicio») fue el 31%. Pero en el grupo de «solo ejercicio» tan solo un 9% recayó de nuevo en la depresión. **Esto significa que el ejercicio es un potentísimo y duradero elevador del animo.** Esto no significa que la medicación ya no sea necesaria para tratar los casos de depresión, sino que quizás deberíamos primero preguntar si el ejercicio, o la ausencia de él, es la razón subyacente.

No me malinterpretes. Hay y habrá personas a las que solo se les puede ayudar con medicación, personas a las que solo se les puede ayudar con ejercicio físico, y personas que requieren ambos. Pero tal vez podríamos probar también a hacer ejercicio. El ejercicio no es una solución para todos. Sin embargo, en la mayoría de las situaciones, puede ayudar a superar o prevenir estados depresivos.

Yo diría que hacer ejercicio es como tomar un antidepresivo. Tal Ben-Shahar argumenta que es al revés: no hacer ejercicio es como tomar un depresivo, porque simplemente no estamos hechos para estar sentados todo el día. Estamos hechos para correr después de comer, o para huir de los depredadores para no terminar siendo su comida, y cuando no hacemos ejercicio nuestro nivel base de la felicidad disminuye. El ejercicio nos lleva de nuevo a donde debemos estar siempre.

Los beneficios de hacer ejercicio al menos cada dos días son innumerables:

- ☑ Aumenta la autoestima y reduce el estrés y la ansiedad.
- ☑ Correr favorece al creación de nuevas conexiones neuronales en nuestro cerebro.
- ☑ Mejora nuestra memoria, lo que significa que se retiene mucho mejor lo aprendido.
- ☑ Nos volvemos mucho más creativos.
- ☑ Las personas que hacen ejercicio son mucho menos propensas a enfermedades físicas, lo que reduce significativamente la probabilidad de diabetes, disminuyendo en un 50%, o más, la probabilidad de padecer insuficiencia cardíaca y también la probabilidad de padecer ciertos tipos de cáncer, fortaleciendo el sistema inmunológico.

Y, por si todavía no he conseguido convencerte: **también tendrás mejor sexo.** Tanto hombres como mujeres. El ejercicio fortalece la libido y aumenta la probabilidad de tener orgasmos. Las personas que hacen ejercicio con más frecuencia tienen más y mejor sexo.

Antes de comenzar tu programa de ejercicio recuerda: la recuperación es muy importante, y más no siempre es mejor. Curiosamente, los síntomas del sobreentrenamiento son muy similares a los síntomas del entrenamiento insuficiente.

La recomendación general de Ben-Shahar es hacer ejercicio de tres a cuatro veces a la semana como mínimo —idealmente, de 5 a 6 días a la semana— durante un mínimo de 30 minutos, al 70% de tu frecuencia cardíaca máxima. Cuatro veces a la semana 30 minutos debería ser suficiente. Simplemente escucha a tu cuerpo.

Si el ejercicio es tan poderoso… ¿por qué la mayoría de las personas no lo practica?

Las tres razones más comunes son: es doloroso, no tenemos suficiente tiempo y la barrera subconsciente.

1. El ejercicio es doloroso/molesto

Es cierto que no es cómodo, y como a nuestra mente no le gustan aquellas situaciones que prevea dolorosas o molestas, intentará evitarlas a toda costa con todo tipo de justificaciones.

¿La solución? Como siempre cuando empiezas a trabajar en un objetivo: divide y vencerás. Comienza a caminar un kilómetro, date un paseo de 10 minutos, a continuación un paseo de 20 minutos y poco a poco ve aumentando el tiempo. Tu cuerpo te pedirá más. Si lo haces poco a poco no experimentarás dolor alguno. Al contrario, te resultará sumamente adictivo. Lo he visto con mis propios ojos. Mi amiga Marina empezó a caminar unos minutos. Cinco años más tarde está participando en carreras de 10 y 20 kilómetros. Comienza poco a poco y tu cuerpo te pedirá más.

Si se vuelve demasiado aburrido, distráete viendo la tele, escuchando música o *podcasts*. Sea lo que sea, que puedas pensar. Vete a correr con otras personas. El predictor n.º 1 del éxito en el ejercicio físico a largo plazo es hacerlo con otras personas. Hay un montón de estudios que lo demuestran y probablemente ya lo has visto por ti mismo. Ir a correr con otras personas a las 6 de la mañana es mucho más fácil que motivarte a ti mismo a despertarte para ir a correr solo a esta hora.

2. No hay tiempo suficiente

Una de las primeras cosas que dejas de hacer cuando no tienes tiempo es el ejercicio, y tendría que ser la última cosa en abandonar. El ejercicio es una inversión. Puede parecer que pierdes 45 minutos, pero ganas mucho más. Recuerda todos los beneficios de los que hablamos al principio del capítulo. También recuerda: no confíes en la autodisciplina y crea rituales.

3. La barrera subconsciente

La autoestima, o más bien la falta de ella, también puede entrar en juego cuando no hacemos ejercicio. En parte, la baja autoestima reside en la noción de que no somos dignos de felicidad, lo que puede convertirse en una barrera que nos impide llegar a ser más felices. **Si pensamos que no somos dignos de la felicidad muy a menudo no haremos cosas que nos harían felices.** ¿La solución? Como dice el eslogan de Nike: **JUST DO IT**. Hay que asumir en un plano consciente la importancia del ejercicio físico e integrarla en nuestra vida cotidiana.

El profesor y psiquiatra de la Harvard Medical School, John Ratey, dice: «En cierto modo, puede decirse que **el ejercicio físico es el tratamiento que cualquier psiquiatra habría soñado.** Funciona con la ansiedad, con el trastorno del pánico y con el estrés en general, lo que tiene mucho que ver con la depresión. Y genera la liberación de neurotransmisores (norefedrina, serotonina y dopamina), que son muy similares a nuestros medicamentos psiquiátricos más importantes. Hacer un poco de ejercicio es como tomar una dosis de Prozac y otra de Ritalin, justo donde se supone que debe ir».

Para terminar este apartado dedicado al ejercicio físico, te contaré los resultados de otro asombroso estudio. He aquí lo que sucedió cuando, en una serie de escuelas estadounidenses, se implementó la práctica de ejercicios físicos como correr, remar, trepar, ir en bicicleta, etc.

Así, en una escuela en Naperville, Illinois, los niveles de obesidad se redujeron del 30 % al 3 %. Los estudiantes se sintieron más cómodos y más felices, se volvieron mucho menos susceptibles a padecer enfermedades crónicas como el cáncer, la insuficiencia cardíaca o la diabetes, y sus notas subieron significativamente. Naperville se posicionó en el n.º 16 en matemáticas y el n.º 1 ciencias en una competición internacional. Todo un logro, teniendo en cuenta que las escuelas estadounidenses, por lo general, no obtienen buenos resultados en pruebas internacionales.

La práctica de ejercicio físico se introdujo también en escuelas situadas en zonas socialmente muy deprimidas y conflictivas de algunas ciudades. En Titusville, Pensilvania, las calificaciones de los estudiantes pasaron de estar un 17 % por debajo del promedio estatal a situarse un 7 % de ese mismo promedio, tan solo un año después de que se implantara la realización de ejercicio físico. Otro beneficio asociado que se observó fue la sorprendente reducción de la violencia en los centros educativos, que prácticamente desapareció. En Iowa, los problemas disciplinarios bajaron de 225 a 95 en un año. En Kansas, en un 67 %. Esto no debería resultar tan sorprendente si tenemos en cuenta que el ejercicio tiene un efecto tranquilizante, por lo que somos mucho menos propensos a ser agresivos[1].

---

[1] https://www.edutopia.org/exercise-fitness-brain-benefits-learning y también PE4life: *Developing and Promoting Quality Physical Education.*

El poder de la meditación

La meditación ha pasado al *mainstream*. Tal vez ya la hayas practicado. Si no, te recomiendo vivamente que lo hagas. Es más fácil de lo que piensas. Básicamente, no puedes hacerlo mal. Hay varias técnicas de meditación, unas centradas en la respiración, como el yoga, en la oración, en la sincronización de movimientos y respiración, etc. Todas estas técnicas comparten algunos rasgos, como enfocar la mente en algo muy concreto, como un objeto, un movimiento, una postura, la respiración, una visualización, etc.

Como mencioné antes, no hay buena o mala meditación. Se trata de estar presente, estar en el aquí y ahora, y también se trata de luchar por mantenerse en el aquí y el ahora. Cuando pierdas tu enfoque, simplemente tráelo de vuelta. Así es como ejercitamos nuestra mente para mantenerse más centrada, para ser más consciente.

John Kabat-Zinn y Herbert Benson estudiaron a los mejores meditadores del mundo, incluso se comunicaron directamente con el propio Dalai Lama para que les permitiera contactar con sus mejores meditadores. Los resultados de sus estudios fueron alucinantes.

Primero examinaron la **relación de la corteza prefrontal izquierda y derecha,** que es importante para medir la felicidad. Las personas más felices generalmente tienen más actividad en el lado izquierdo de la corteza prefrontal, y las personas menos felices tienen más actividad en el lado derecho. Los meditadores tenían niveles muy altos de bienestar y felicidad. Eran susceptibles a las emociones positivas y resistentes ante las emociones dolorosas. Estos fueron resultados notables que antes de evaluar a estos meditadores nunca se habían obtenido.

Otro aspecto que estudiaron fue la **respuesta a un estímulo auditivo fuerte y repentino.** Es algo que todos, incluso los francotiradores del ejército, experimentan en distinto grado: cuando escuchamos una explosión, nos asustamos. Generalmente, cuanto mayor es tu nivel de ansiedad, más fácilmente te asustas. Es imposible eliminar este sobresalto. O, mejor dicho, era imposible hasta que Paul Ackerman pidió a sus sujetos meditadores que se mantuvieran completamente tranquilos. Los asustó. Y sorpresa, sorpresa... no hubo reacción alguna.

Por primera vez en la historia registrada, un grupo de personas fue capaz de reprimir el sobresalto asociado a un susto.

Sabes que las emociones son contagiosas. Pues la calma también lo es. La calma es tan contagiosa como la felicidad. Se comprobó incluso que las personas que intentaron iniciar una discusión con estos meditadores no consiguieron enojarse.

La buena noticia es que no tienes que meditar ocho horas al día durante treinta años para beneficiarte de la meditación...

John Kabat-Zinn hizo otro experimento. Trabajó con dos grupos. El primer grupo comenzó a meditar de inmediato; al otro grupo —el grupo de control— se les dijo que empezarían su curso de meditación en cuatro meses. Los investigadores querían asegurarse de que el grupo de control eran personas que querían meditar.

El grupo 1 comenzó a meditar 45 minutos al día durante 8 semanas. Los resultados fueron una vez más impresionantes: sus niveles de ansiedad bajaron y su estado de ánimo era más feliz. Observando la corteza prefrontal izquierda y derecha, constataron una diferencia significativa en los individuos que meditaron. Así que Kabat-Zinn fue un paso más allá. Inyectó un virus de gripe en ambos grupos y descubrió que el sistema inmunológico de los meditadores era significativamente más fuerte que el de los que no meditaron. La meditación fortalece tanto nuestro sistema inmunológico, tanto físico como psicológico.

Y la cosa se pone aún mejor. Herbert Benson descubrió que con tan solo 15-20 minutos de meditación al día, con el tiempo se observa un cambio significativo en el bienestar emocional y físico de las personas.

¿Te he convencido ya? Si es así, aquí tienes unas breves instrucciones para empezar a meditar.

1. Busca un espacio donde estés tranquilo y, simplemente, permanece en silencio de 15 a 20 minutos. (Puedes empezar por 5 minutos e ir aumentando progresivamente). Conviértelo en un ritual. Es beneficioso practicar en el mismo lugar y a hora similar todos los días.

2. Antes de empezar, utiliza el poder de las afirmaciones para entrar en un estado relajado, diciendo por ejemplo: «Ahora estoy centrado y tranquilo».

3. Fija una alarma o despertador en veinte minutos, para que no tengas que estar pendiente del tiempo que dedicas a tu meditación y para que te puedas concentrar plenamente.

4. Siéntate, o túmbate, y cierra los ojos. También puedes dejar los ojos abiertos y concentrarte en un punto de la habitación o en la naturaleza, si estás sentado frente a una ventana.

5. Mientras te concentras, céntrate en tu aliento y empieza a relajarte.

6. Cuando tu mente se distraiga, déjala ir. No te resistas. Observa tus pensamientos pasar, como las nubes en el cielo azul.

MINDFULNESS: AQUÍ Y AHORA

Por fin… *mindfulness*. Ningún libro de crecimiento personal puede obviar este tema. Todo el mundo habla de ello.

Cada vez más personas lo practican. Vale. ¿Y de qué va, cómo funciona? Se trata de estar plenamente presente. Estar en el ahora. Ser conscientes de que estamos vivos. Ser consciente de nuestras emociones sin juzgarlas. Dándonos permiso para sentir estas emociones.

Aunque siempre estamos en el momento presente, la mayoría de las veces no somos conscientes de ello. Caminamos por el bosque, pero nuestra mente está en la oficina. Comemos, pero leemos el periódico. Caminar consciente sería ser consciente de los árboles, de los sonidos que nos rodean, de los ruidos del viento o de los animales. Comer atento sería saborear plenamente el sabor y la textura de los alimentos que nos llevamos a la boca, masticarlos lentamente, sintiendo cómo llega hasta nuestro paladar, cómo se disuelve impregnándolo de sabores, como desciende por nuestra garganta, solo concentrándonos en eso, y en nada más. Sí, esto es *mindfulness*. Estar presente es así de simple.

Mindfulness es la conciencia y la aceptación de estímulos internos y externos. Puedes sentir cada emoción en el cuerpo. Tan pronto como comienza una emoción dolorosa, puedes ir inmediatamente a la manifestación física de la misma. Por ejemplo, si alguien te enfurece y notas que tu sangre empieza a hervir, puedes elegir respirar profundamente o salir de la situación antes de que la ira te haga explotar. El propósito del *mindfulness* es tomar conciencia de la manifestación física de la emoción y aceptarla en lo que es.

Te conectas con el momento presente concentrándote en tus emociones y/o en tu respiración.

El *mindfulness* funciona porque crea una vía neuronal alternativa. En lugar de intentar arreglar algo, el hecho de aceptarlo y observarlo se convierte en la nueva alternativa. Si sientes estrés observa lo que está pasando en tu cuerpo.

¿Cuál es la manifestación física del mismo? ¿Dónde lo sientes en tu cuerpo y cómo lo sientes?

En un primer nivel practicas la atención plena al tomar conciencia de tu cuerpo y de lo que lo rodea y, como en toda meditación, la práctica consiste en perder el foco y volver a encontrarlo. También se puede practicar mediante el reencuadre. En lugar de sentir estrés antes de un discurso o una presentación importante, puedes verlo como una oportunidad maravillosa.

El *mindfulness* cambia nuestro foco del HACER al SER. La obsesión constante de «¿Cómo puedo solucionarlo?» a menudo es contraproducente cuando se trata de problemas mentales o psicológicos. Vivir constantemente en el futuro te impide ser feliz en el momento.

Quiero compartir contigo uno de los mejores ejercicios que aprendí de mi entrenadora de PNL (o programación neurolingüística), Anna Flores. Si lo practicas regularmente, lo mínimo que conseguirás es afinar tus sentidos, pero no te sorprendas si obtienes resultados aún mejores… Puedo asegurarte que para mí, y para otras personas que participaron en el curso, ha hecho cosas increíbles.

Los fundamentos de este ejercicio se centran en VER (aspecto visual), OÍR (aspecto auditivo) y SENTIR (aspecto kinestésico). La idea es estar «en el momento» y ser más consciente de lo que ves, oyes y sientes.

Empiezas siendo conscientemente consciente de 5 cosas que **ves**, 5 cosas que **oyes** y 5 cosas que **sientes**. Vas reduciendo tu foco progresivamente: 4 cosas que ves, 4 cosas que oyes, 4 cosas que sientes; a continuación 3 de cada categoría, luego dos y finalmente una de cada una.

Puedes practicarlo en cualquier sitio, en cualquier momento. Yo lo practiqué durante un par de años mientras iba en tren. Por ejemplo:

CINCO ESTÍMULOS:

Veo una bufanda roja.

Veo una bicicleta negra

Veo un suéter azul.

Veo una bolsa roja.

Veo un cable blanco.

Oigo voces.

Oigo un tono.

Oigo una voz.

Oigo algo rascarse.

Oigo una puerta.

Siento mis pies en el suelo.

Siento un poco de aire frío en mis manos.

Siento aire frío en mis pies.

Siento a alguien pisando mi dedo del pie.

Siento mis vaqueros rozando mi piel.

CUATRO ESTÍMULOS:

Veo un bolso azul y blanco.

Veo una bicicleta negra.

Veo una chaqueta negra.

Veo un cable blanco.

Oigo una tos.

Oigo voces.

Oigo un tono.

Oigo a la gente moverse.

Siento mis pies en el suelo.

Siento mi chaqueta en la piel.

Siento mis pies en el suelo.

Siento los vaqueros en la piel.

TRES ESTÍMULOS:

Veo una bolsa roja.

Veo una chaqueta roja.

Veo el mar.
Oigo voces lejanas.
Oigo a alguien moverse.
Oigo una radio sonar.
Siento mis pies en mis zapatos.
Siento mi móvil en mi mano.
Siento aire frío.

DOS ESTÍMULOS:
Veo una bufanda roja.
Veo una chaqueta beige.
Oigo un pitido.
Oigo una voz lejana.
Siento mis pies en el suelo.
Siento los vaqueros en mi piel.

UN ESTÍMULO:
Veo una chaqueta roja.
Oigo el ruido del tren.
Siento mi espalda contra la silla.

Haz esto cinco veces al día durante tres semanas y cuéntame lo que este simple ejercicio hace para ti.

RESPIRA BIEN Y TRIUNFA

Como mencioné antes, la forma más fácil de meditación es centrarse en **la respiración.** Es algo que todas las técnicas de meditación tienen en común y es algo fácil de introducir en tu vida, incluso aunque no medites 15 o 45 minutos al día.

Una de las alteraciones provocadas por nuestra forma de vida estresada y acelerada es que nuestra respiración se vuelve superficial. El resultado de la respiración superficial es aún más estrés y ansiedad, lo que a su vez hace que entremos en lo que se conoce como «respuesta de lucha o huida» (*fight and flight response*). Así es como vivimos la mayor parte de nuestros días. Afortunadamente, podemos revertir este proceso, porque nuestra mente y nuestro cuerpo están conectados. Todos hemos experimentado en algún momento que, en los estados de calma y bienestar, nuestra respiración se vuelve más profunda; por lo tanto, una respiración profunda es capaz de llevarnos a su vez a un estado de calma y bienestar.

Herbert Benson descubrió que podemos revertir la «respuesta de lucha y huida», entrando en lo que él llama la **«respuesta de relajación», con tan solo tres respiraciones profundas.** ¡Tres respiraciones profundas! Esto es algo que todos podemos conseguir.

Puedes hacer una respiración profunda cuando salgas de casa, cuando llegues al trabajo, justo antes de comenzar el trabajo o la clase, justo después de terminar el trabajo o la clase, justo cuando te despiertas por la mañana, o como última cosa antes de irte a la cama. Yo lo hago cada vez que llego a un semáforo rojo, o cuando estoy en la línea de caja del supermercado. Tres respiraciones profundas en puntos estratégicos durante el día pueden transformarte la vida.

LA IMPORTANCIA DE TUS HORAS DE SUEÑO

Antes de que Edison inventara la bombilla, el promedio de sueño era de 10 horas por noche. Hoy en día el promedio es de unas 6,9 horas de sueño durante la semana y 7,5 horas en el fin de semana. ¿Quién todavía obtiene 8 horas de sueño? En los Estados Unidos, por término medio, tan solo el

25 % de las personas de entre 18 y 29 años todavía disfruta de sus ocho horas de sueño.

Tenemos que ver el sueño como una inversión y convertirlo en una prioridad.

¡El sueño es tan importante! Fortalece nuestro sistema inmunológico físico significativamente y eleva los niveles de energía. ¿Cuánto hay que dormir? Cada persona tiene sus propias necesidades, es algo personal. Tienes que **averiguar cuántas horas de sueño necesitas.**

Dormir lo suficiente es muy importante, porque la falta de sueño es causa de graves problemas, entre otros, favorece la obesidad y deteriora tus habilidades motoras.

En los Estados Unidos, por término medio, cada año se producen 100.000 accidentes de tráfico como resultado de la falta de sueño, lo que se salda en 40.000 heridos y 1500 fallecidos en carretera.

Lo mismo ocurre en el trabajo. Los accidentes laborales provocados por la falta de sueño cuestan a las empresas unos cien mil millones de dólares al año.

Además, la falta de sueño perjudica a nuestra creatividad, productividad y memoria. Un gran error que cometí durante mis estudios fue decirme a mí mismo «**Me voy a quedar despierto un par de horas más para estudiar**». Está demostrado científicamente que habría estudiado mucho más, y con mejores resultados, si me hubiera acostado temprano. Si duermes lo suficiente, recuerdas mejor los contenidos y eres mucho más creativo.

Cuando no dormimos lo suficiente nos mostramos irritables y ansiosos. La falta de sueño, en el peor de los casos, puede incluso conducir a la depresión.

Pero, aparte de sus efectos fisiológicos, el sueño también tiene una función psicológica. Por la noche, nuestra mente procesa muchas de las cosas que hemos vivido durante el día, y a menudo resuelve asuntos que habían quedado pendientes. Por este motivo, cuando te vas a dormir con un problema, a menudo te despiertas con la solución. Como suele decirse, «lo has consultado con la almohada». Si no te das la oportunidad de que tus sueños «actúen» durante la noche, completando la resolución de los problemas del día, te levantarás con ese mismo problema sin resolver. Esto sucede así, seas o no consciente de ello. Con el tiempo, los problemas no resueltos se te podrían acumular unos encima de otros, provocándote una ansiedad creciente que podría llevarte a la depresión.

Necesidad física y psicológica del sueño

- ☑ Duerme más o menos 8 horas al día. En mi caso, 6 horas de sueño diarias, más una siesta de una hora y media, funcionan mejor.
- ☑ Se ha demostrado que las siestas del mediodía son muy eficientes y te dan energía.
- ☑ Ten en cuenta tus ritmos internos. ¿Cuántas horas necesitas TÚ, eres una persona de noche o de mañana? ¿Qué es lo adecuado en tu caso?

Si tienes problemas para dormir, porque comes o haces ejercicio a horas tardías, date permiso para ser humano. Podrías decirte, por ejemplo: «Bien, es una oportunidad para pensar y reflexionar». Cuando tengo *jet lag* después de los viajes a Estados Unidos desde Europa, por lo general me despierto a las 5 de la madrugada. Pienso: «Genial. Las 5 de la madrugada es el momento perfecto para ponerme a trabajar». Me levanto y empiezo a trabajar en lugar de mirar el techo y dar vueltas y más vueltas en la cama, porque de todos modos no voy a poder dormir más. Luego, durante el día, cuando me entra sueño me permito una minisiesta y ya está. Como nuevo.

William Dement, de Stanford, ha estudiado y documentado los efectos de la privación de sueño en el bienestar. Descubrió que la privación de sueño deteriora tanto las habilidades cognitivas como el funcionamiento físico, pero que aún afecta más significativamente al humor. Las personas que duermen menos de una noche completa se sienten menos felices, más estresadas, más vulnerables físicamente y más agotadas mental y físicamente. Dormir lo suficiente, por el contrario, nos hace sentir mejor, más felices, más activos y vitales.

La importancia del contacto físico

Tocar, el contacto físico, lo mejora todo. Es una necesidad vital, como el sueño, el ejercicio y las relaciones personales. Estos son algunos de sus beneficios:

- ☑ Fortalece significativamente nuestro sistema inmunológico, mientras que la falta de estímulos táctiles lo debilita drásticamente.
- ☑ Ayuda a superar las lesiones.
- ☑ Los niños crecen mejor cuando son tocados y la ausencia de caricias o contacto físico afecta muy negativamente a su desarrollo cognitivo. Asimismo, algunos problemas mentales, como los trastornos del estado de ánimo o los trastornos de la alimentación, se asocian con frecuencia a la falta de contacto físico.
- ☑ Puede ayudarnos a superar la depresión y la ansiedad, que en muchos casos son causadas precisamente por un contacto físico insuficiente..
- ☑ Mejora nuestra vida sexual.

William Masters y Virginia Johnson, dos de los terapeutas e investigadores sexuales más relevantes, han demostrado que gran parte de las disfunciones sexuales (entre el 70 y 95 %) puede resolverse simplemente con la ayuda del tacto.

Tal Ben-Shahar contó esta increíble historia sobre una unidad hospitalaria para bebés prematuros. Una de los secciones de esta unidad tenía un nivel de éxito muy superior a las demás: los bebés mejoraban con mayor rapidez, se les veía más sanos y mostraban mejor desarrollo cognitivo y físico cuando los evaluaron a largo plazo.

Los resultados eran tan diferentes que decidieron averiguar las causas. Dado que las condiciones eran idénticas en todas las secciones de la unidad, se plantearon que tal vez podría ser el aire o la ubicación en el hospital. Una noche, un médico que estaba de guardia oyó un ruido. En la sección acababa de entrar una enfermera que llevaba mucho tiempo trabajando en el hospital. El médico vio que se dirigía a una de las incubadoras, cogía en brazos al bebé prematuro, lo acariciaba muy suavemente, le susurraba palabras y luego lo devolvía a su incubadora. La enfermera se dirigió a continuación hasta la siguiente incubadora e hizo lo mismo, y así con cada uno de los bebés de la sección. La enfermera entraba tarde durante su turno, seguramente esperando no ser vista ya que las reglas del hospital prohibían tocar a los bebés y sacarlos de sus incubadoras. Este incidente derivó en toda una línea de investigación sobre la importancia del tacto con los bebés en general, y muy especialmente con los prematuros.

Tiffany Fields descubrió que los bebés prematuros que recibían 45 minutos de masaje diarios aumentaban su peso en un 47 % durante su estancia en el hospital y mostraban un mejor desarrollo (habilidades físicas, cognitivas y motoras) al cabo de un año.

Harry Hollow examinó la privación del tacto. Para ello separó a unos monos de sus madres. A estos monitos no les faltaba de nada, excepto el contacto físico con sus madres. El resultado fue que no crecieron tanto, su desarrollo cognitivo se deterioró e incluso mostraron comportamiento autista.

Un cruel ejemplo que aporta nuestra historia reciente es lo que hizo el dictador rumano Ceaucescu. Por motivos políticos, separó a muchos niños de sus padres, especialmente si sus padres eran disidentes. En total, 150.000 niños fueron criados sin amor y sin ser tocados en hospicios y hogares de acogida. Estos niños crecieron un 3-10% por debajo de la media, su cociente intelectual también se resintió, su desarrollo motor se deterioró significativamente y mostraron comportamiento autista.

El tacto es tan importante... ¡Y también los abrazos!

La psicóloga Virginia Satir dice: «Necesitamos 4 abrazos al día para sobrevivir, necesitamos 8 abrazos al día para el mantenimiento, necesitamos 12 abrazos al día para el crecimiento». Y Jane Clipman descubrió que **si damos al menos 5 abrazos (no sexuales) al día, al cabo de 4 semanas nuestro nivel de felicidad aumenta significativamente.**

SONRÍE COMO SI TU VIDA DEPENDIERA DE ELLO

¡Sonríe! Incluso si no te apetece. El monje budista Thich Nhat Hanh siempre supo lo que la ciencia ha descubierto recientemente: «A veces tu alegría es la fuente de tu sonrisa, pero a veces tu sonrisa puede ser la fuente de tu alegría». Sonreír mejora la calidad de tu vida, tu salud y tus relaciones. La ciencia ha demostrado que reír o sonreír mucho a diario mejora tu estado mental y tu creatividad. Engaña a tu cerebro, llevándole a pensar que te sientes feliz y para que empiece a producir los neuroquímicos que realmente te hacen feliz.

Algunos de los beneficios de sonreír son los siguientes:

- ☑ Libera serotonina (nos hace sentir bien).
- ☑ Libera endorfinas (disminuye el dolor).
- ☑ Reduce la presión arterial.
- ☑ Aumenta la claridad mental.
- ☑ Activa el funcionamiento del sistema inmunológico.
- ☑ Aporta una perspectiva más positiva de la vida (intenta ser pesimista mientras sonríes…).

Estoy de acuerdo: la positividad auténtica es siempre mejor que la falsa, pero hay evidencias significativas de que modificar tu apariencia y tu comportamiento —tu expresión facial y tu postura— puede conducir a cambios emocionales. Un estudio realizado por Tara Kraft y Sarah Pressman, en la Universidad de Kansas, demostró que sonreír también puede alterar la respuesta al estrés en situaciones difíciles. El estudio demostró que el simple hecho de sonreír reduce el ritmo cardíaco y los niveles de estrés, incluso si esa sonrisa no refleja una felicidad real. Sonreír envía una señal a tu cerebro diciéndole que las cosas están bien. Un estudio realizado en la Universidad de Wayne sobre la sonrisa ha encontrado incluso un vínculo entre la sonrisa… y la ¡longevidad!

Si piensas que no tienes ninguna razón para sonreír, ponte un bolígrafo o un palillo entre los dientes. Simula una sonrisa y verás como empiezas a sentir los mismos efectos. Cuando sonríes, todo tu cuerpo envía al mundo el mensaje «La vida es genial». Los estudios demuestran que las personas sonrientes son percibidas como más seguras de sí mismas y la gente las considera más dignas de confianza y se muestran más dispuestos a confiar en ellas. La gente, simplemente, se siente bien junto a ellas.

Creo que no hay mejor forma de cerrar este capítulo que repetir una vez más la que, en mi opinión, es la receta infalible para sentirse bien y pleno:

- ☑ Al menos 30 minutos de ejercicio físico, 4 veces por semana.
- ☑ De 10 a 15 minutos de meditación *mindfulness* todos los días, si te va bien. Al menos unas cuantas respiraciones profundas repartidas estratégicamente a lo largo del día.
- ☑ 8 horas de sueño por noche.
- ☑ Al menos 5, e idealmente, 12 abrazos al día

¡Sonríe mucho! :-)
¡Adelante!

¿Y AHORA, QUÉ?

Guauuu. Ya llegamos al final de este libro. Espero haberte convencido de que tu felicidad depende de ti. No es fácil y tienes que entrenar mucho, pero aplicando algunos de los ejercicios de este libro puedes cambiar tu vida de manera espectacular.

RECUERDA:

Las buenas intenciones no son suficientes. Tienes que actuar y aplicar tus conocimientos.

Tus creencias crean tu realidad. En gran medida, la forma en que percibes tu realidad es lo que realmente se convierte en tu realidad. ¿Recuerdas las dos cosas que distinguen a la gente extraordinariamente exitosa del resto?

1. Siempre hacen preguntas, siempre quieren aprender.
2. Creen en sí mismos. Creen que lo pueden lograr.

Mejora tu fe en ti mismo asumiendo pequeños riesgos, enfrentándote a los hechos o situaciones que te provocan incomodidad, en lugar de evitarlos, y mostrándote a ti mismo que puedes lograrlo utilizando el poder de visualización.

Tu vida depende de la calidad de las preguntas que te hagas y esas preguntas, muy a menudo, determinarán la dirección que tomes. Recuerda que debes plantearte las preguntas en términos positivos, como «¿Qué es bueno en esta situación…?», «¿Qué está yendo bien?»… Si solo te planteas las preguntas negativas, no verás las oportunidades.

Haz del fracaso tu amigo, porque es inevitable. No hay forma de evitarlo y no hay otra forma de aprender. Aprende a fallar o no aprendas. Prueba, prueba, prueba, prueba e inténtalo una vez más. Recuerda que las personas más extraordinarias, las más exitosas y destacadas, son también las que más fracasan.

Acepta tus emociones. Solo hay dos tipos de personas que no experimentan emociones dolorosas: los psicópatas y los muertos. Así que, si estás triste o enojado, recuerda lo más importante: estás vivo y no eres un psicópata.

Te lo advertí al principio. Después de terminar este libro, e incluso haciendo todos los ejercicios, no experimentarás un subidón constante. Nadie experimenta un subidón constante. La vida seguirá siendo una montaña rusa. Seguirás teniendo estos altibajos. Tal vez no tan a menudo, y probablemente te recuperarás mucho más rápido de los bajones. Cuando sientas una emoción dolorosa no luches contra ella. Acéptala. Acéptala como aceptarías un día lluvioso o como aceptas la ley de la gravedad. Repítete a ti mismo: «De acuerdo. Soy humano. Esto realmente duele. No es cómodo en absoluto. Ojalá fuera diferente, pero lo acepto».

Lleva un diario. Los diarios funcionan. Cuando compartimos, cuando nos abrimos, somos capaces de encontrar y dar sentido a las experiencias de nuestra vida y disfrutamos de mayores niveles de felicidad.

Convierte la gratitud en tu estilo de vida. Para mí, la gratitud marcó la diferencia entre vender 30 libros al mes y vender 100 al día. Cuanto más agradecido seas, más cosas por las que mostrarte agradecido entrarán en tu vida. Cuando aprecias lo bueno de tu vida, lo bueno crece. Por desgracia, también es cierto lo contrario.

¡Simplifica! Muchas personas se preguntan por qué no son felices, aunque tienen en su vida todas las cosas que pudieran desear. ¿Por qué? Porque puede tener demasiadas cosas buenas. Comienza a suprimir actividades, empieza a decir NO a las personas y a las experiencias.

Cuida y cultiva tus relaciones. Ellos son el predictor n.º 1 de tu futuro bienestar. Importan más que cualquier otra cosa en el mundo. Más que un examen, e incluso más que lo exitosos o admirados que seamos. Recuerda que las experiencias pueden darte un subidón, un pico, pero luego volverás al nivel base, como los profesores, los ganadores de lotería, las víctimas de accidentes, las personas muy exitosas que pensaban que lo habían logrado.

Cuida tu mente y tu cuerpo. El ejercicio es como tomar un antidepresivo. Toma la droga milagrosa de Tal Be- Shahar:

- ☑ Haz ejercicio como mínimo 30 minutos 4 veces por semana.
- ☑ Medita/respira profundamente.
- ☑ Duerme 8 horas al día.
- ☑ Practica el contacto físico (abrazos).

Recuerda los dos tipos de cambio: por un lado, el subidón temporal con regreso al nivel base inicial; por otro, el crecimiento continuo. Lo único que los diferencia es si consigues introducir, o no, cambios de comportamiento. La única y más importante pregunta será: **¿qué vas a hacer de**

manera diferente a partir de ahora? Produce un cambio de comportamiento AHORA. Este es el origen de todo cambio.

Sigue estudiando. Sigue leyendo. Lo que aprendiste en este libro es solo el principio. Ten en mente el estudio de Carlton: los que tienen más éxito, los que son más felices, son los que aprenden durante toda la vida, siempre haciendo preguntas, siempre queriendo saber más.

¡Recuerda tu poder! La felicidad es contagiosa. Si quieres un mundo más feliz, empieza por ti mismo y contagia a todos los que te rodean con tu felicidad. ¡Cuídate! Primero ayúdate antes de ayudar a otros.

Si tan solo introduces estos 5 ejercicios en tu rutina diaria, tu vida nunca volverá a ser la misma:

❶ Escribe tres cosas por las que estás agradecido.
❷ Escribe en tu diario.
❸ Haz ejercicio al menos 30 minutos cuatro veces a la semana.
❹ Medita.
❺ Haz al menos un acto aleatorio de bondad todos los días.

Te deseo lo mejor y estaré encantado de saber de ti y de tus progresos. Puedes enviar tus correos o preguntas a marc@marcreklau.com. Me encanta el *feedback* de mis lectores. Me ayuda a mejorar mis libros y a encontrar ideas para otros nuevos.

Si te gustó este libro, por favor, tómate un minuto o dos y deja un comentario en Amazon, o en casadellibro.com. Esto ayudará a otros lectores a encontrar el libro y difundir su mensaje.

Gracias,
Marc

AGRADECIMIENTOS

Gracias a Natalia Montolio, mi pareja en la vida y en los negocios, por su apoyo, sus sonrisas y su alegría, que contagia a todo su entorno, y a Marc y Paula, dos campeones.

Gracias a mi familia: mi madre Heidi, mi abuela Hilde, el tío Dieter.

A mi primo Alex y su esposa, Yvonne: nuestras vacaciones conjuntas en Naples (Florida) son una fuente de inspiración para mí.

A mis amigos Claudio, Christian y toda la nueva gente que entró en mi vida en estos últimos dos increíbles años.

A Stefan Ludwig, mi mentor desde hace más de quince años.

A Jaime Avargues, el primer editor que descubrió *30 días,* se arriesgó y compró los derechos españoles para América Latina, incluso antes de que el libro se convirtiera en un *bestseller.*

A Pilar Zaragoza de Pedro, que tuvo la brillante idea de que escribiéramos un libro juntos, que luego se convirtió en la fundación de nuestro propio sello editorial.

A mis editoras de Espasa. Gracias por creer en mí y en este nuevo libro, y por hacer realidad mi sueño de ser publicado por una importante editorial. Ha sido un largo camino lleno de rechazos hasta que nos conocimos. Gracias también por el brillante trabajo de edición de este libro. Me encanta cuando profesionales mejoran mis textos y clavan el mensaje que quiero transmitir. Os estoy profundamente agradecido.

Al doctor Steve Mallon, a Carlos Moreno González, a Paloma García y a Lisa Williams, por darme la oportunidad de impartir el curso sobre la felicidad en la Geneva Business School de Barcelona, que es la base de este libro, y por supuesto a mis fabulosos estudiantes del Bachelor. ¡Cómo me he divertido enseñando!

A Juan Ángel Narváez y a Jordi Mármol Boluda, de la Cámara Internacional de Empresarios de Barcelona, por creer en mí desde el minuto cero.

Muchas gracias a todos los que continuamente me apoyaron y creyeron en mí cuando no mucha gente lo hizo.

También quiero darte las gracias a ti, por haber compartido parte de mi camino. Aunque finalmente tomásemos direcciones distintas, quiero que sepas que fuiste muy importante para mí en aquellos momentos Las cosas no funcionaron. Te doy las gracias y te deseo lo mejor.

Y muy especialmente quiero dar las gracias a las siguientes personas, cuya labor ha tenido una influencia decisiva en mi trabajo en los últimos años y que, en definitiva, han hecho posible este libro:

A Martin Seligman, por iniciar una revolución en el campo de la psicología al replantearse las grandes preguntas desde otro enfoque, el positivo.

A Tal Ben-Shahar, por impartir el «Curso de la felicidad» en la Universidad de Harvard y abrir las puertas a cientos (incluso miles) de otros profesores, que así han podido difundirlo en todo el mundo.

A Shawn Achor, por traducir los fantásticos estudios sobre psicología positiva al lenguaje de la calle, para que todos los podamos entender.

Un enorme «¡Gracias!» también a los investigadores de los cientos de estudios que aportan sorprendentes resultados sobre el poder de nuestra mente y cómo lograr la felicidad.

Y por último, gracias a TI, querido lector. Sin ti este libro no existiría. Tus correos electrónicos y comentarios me animan a seguir escribiendo y me dan fuerzas en momentos de dudas y oscuridad.

A todos vosotros, ¡gracias!